NIE
児童家庭福祉演習

松畑熙一 監修　松井圭三・今井慶宗 編著

大学教育出版

はしがき

NIEという言葉をご存知でしょうか。NIEとは、Newspaper in Educationの略です。アルファベットの音通り　エヌ・アイ・イー　と読みます。教育機関（学校）で新聞を教材として活用することを意味します。日本でも多くの小・中・高等学校で実践されているほか、近年では大学・短期大学・専門学校でも広がりを見せています。

皆さんは新聞にどのような印象を持っていますか。新聞は難しいものと思っている人もいるかもしれません。若者の新聞離れが指摘されて久しいです。しかし、新聞の紙面には政治・経済だけではなく社会や文化、科学やエンターテイメントまであらゆる分野の記事が載っています。とても読みごたえのある楽しいものです。新聞をこれまであまり読んだことのない人は、新聞の形式に慣れることが第一歩です。新聞がどのような構成になっているかをつかみ、実際の新聞記事を使って学びましょう。

本書は、読者の皆さんに、読む力とともに書く力をつけていただきたいという願いから企画しました。一般の児童家庭福祉の教科書とはややタイプが異なります。新聞を活用したワークブック、その中でも児童家庭福祉のワークブック教材は他に類を見ません。私たちはこれまで『NIE社会福祉記事ワークブック』を作りました。このワークブックはその第２弾です。新聞記事を読み、言葉を調べ、感想を書き、解説で学びを深めるという一連の流れをとっています。児童家庭福祉に関連する言葉や制度を調べたり記事を読んでの感想を書くなど、自分自身で課題に取り組みましょう。

社会福祉士・保育士などの国家資格を取得するときは、実習日誌の記入等多くの場面で文を記入します。無事に資格を取得して仕事に就いた後もケース記録や連絡帳等で文章を書くことがたくさんあります。実習や仕事のほかにも、文章を読み解き、まとめ、自分の力で発信する力は社会のいろいろな場面において必要とされます。

今、児童家庭福祉は大きな変化が続いています。2016（平成28）年には「児童福祉法」の大改正もありました。ワークブックで学び終えた後もいつも新聞記事に関心を持ち、新しい児童家庭福祉の知識を得るべく、勉強を続けてもらうことを願っています。

各章はそれぞれの分野の専門の先生が、わかりやすく丁寧に展開しています。難しい言葉も段々と理解できるでしょう。みなさん、あせらず確実に取り組んでいきましょう。

大学教育出版の佐藤社長、編集の社さん、山陽新聞社読者局長の佐々木氏にいろいろとお世話になりました。この紙面を借りて感謝申し上げます。

2017（平成29）年４月

松井圭三・今井慶宗

このワークブックの利用方法（使い方）

このワークブックは概ね①新聞記事、②言葉を調べてみましょう、③記事を読んでの感想を書いてみましょう、④解説という構成になっています。

皆さんが教室で先生から指導を受けながら学ばれることもあるでしょう。自学自習される方もあるかもしれません。使い方はもちろん自由です。

ここでは、次のような利用方法で学習されると取り組みやすいのではないかと私たち編著者が考えたものをお示しします。ぜひ参考にしてみて下さい。

1　新聞記事をよく読みましょう。難しい言葉・知らない単語はそこに線を引っ張っておくとよいでしょう。新聞記事の読み方にも慣れましょう。

2　設問に沿って、言葉を調べてみましょう。調べる言葉はいくつかあります。教科書や辞典・インターネットで調べましょう。言葉同士の関連性にも注意しましょう。

3　記事を読んでの感想を書きましょう。記事を読んでの素直な気持ち、自分ならばどう取り組むか、考えたことなどを自由に書きましょう。

4　解説では、新聞記事の内容や関連することについてそれぞれの分野の専門の先生が分かりやすく説明しています。よく読んで理解しましょう。自分で調べてよく分からなかった言葉は、ここで学んで書き足しましょう。

どの章から始めても構いません。知っている分野があれば取り組みやすいでしょう。自分が気になる記事があればぜひそこから読んでみて下さい。手も動かしてしっかり書き込みましょう。

目　次

はしがき …… i

このワークブックの利用方法（使い方） …… ii

第 1 章　児童家庭福祉とNIE …… 1

第 2 章　少子高齢化と児童福祉 …… 11

第 3 章　児童福祉の歴史 …… 21

第 4 章　児童福祉の法律 …… 31

第 5 章　児童と保育所 …… 41

第 6 章　児童福祉の機関 …… 51

第 7 章　児童福祉の施設 …… 61

第 8 章　ひとり親家庭の児童 …… 70

第 9 章　子育て支援 …… 80

第10章　児童虐待 …… 90

第11章　児童の健全育成 …… 99

第12章　障害のある児童 …… 109

第13章　児童と非行 …… 120

第14章　児童を取り巻く専門職 …… 130

執筆者紹介 …… 142

第1章　児童家庭福祉とNIE

記　事

県内の社会福祉士、弁護士、NPO職員ら

子どもの貧困解決へ連携

子どもの貧困問題解決に向け、県内の社会福祉士、弁護士、NPO法人職員らが連携組織を立ち上げ、活動を本格化させた。貧困の背景には複合的な事情があることを踏まえ、さまざまな専門家が情報を共有し、それぞれの強みを生かして効果的に対応できる体制を構築する。

リード
前文とも呼び、記事のポイントをまとめた文章。

ネットワーク会議の会合で貧困世帯の子どもの支援策を話し合う専門家たち＝8日、岡山市北区南方のきらめきプラザ

写真説明
撮影内容をコンパクトにまとめた文章。

「ネットワーク会議」本格始動

連携組織「岡山こどもの貧困対策ネットワーク会議」は、川崎医療福祉大（倉敷市松島）の学生と一緒に貧困世帯の子どもの居場所づくりに取り組んでいる同大講師の直島克樹さん(35)＝社会福祉士＝が中心となり、3月に発足。2カ月に1回集まり、7月の第3回会合で直島さんを代表とし、県社会福祉士会（岡山市北区南方）を事務局とすることを決め、本格始動した。

直島さんによると、子どもの貧困は経済的な困窮だけでなく、保護者のアルコール依存症や虐待などが複雑に絡み合うケースが多いことから、連携組織を提唱。メンバーがそれぞれの業務で貧困問題に携わる際、他の専門家と情報交換しながら、「子どもら当事者に適切な対応策を助言できるようにし、包括的な解決につなげていく狙い。

複合的事情　情報共有し対応

現在は約50人が参加。これまでに貧困世帯の子どもの事例を基に、具体的な支援の在り方についてディスカッションしたほか、メンバー間の連絡を円滑にするためメーリングリストも作成している。

子どもの権利に詳しい竹内俊一弁護士(63)＝岡山弁護士会＝は初回から参加。「高齢者や障害者の問題に比べ、子どもの貧困問題に取り組む人たちのつながりは弱かった。ネットワークへの期待は大きい」と言う。

今後、未成年に無料や低料金で食事を提供する「子ども食堂」の普及に向けた啓発イベントも県内で開催する予定。直島さんは「まずは専門家同士の交流を深め、つながりを強固なものとする。貧困に苦しむ子どもたちを一人でも多く支えられる組織に育てたい」と話している。

ズーム　子どもの貧困　厚生労働省の調査では、平均的な所得の半分（2012年は122万円）を下回る世帯で暮らす18歳未満の割合は12年時点で16・3%と過去最悪を更新。保護者の収入が少なく、生活が不安定だと、子どもは進学を諦めたり、栄養バランスの悪い食事を続けたりして将来の生活に悪影響が出て、「貧困の連鎖」につながると指摘されている。

用語解説
記事中の難しい用語や経過などを、分かりやすく解説したコーナー。

出典：2016年7月21日山陽新聞朝刊

1. 見出しだけを読んで、記事の内容を推測してみましょう。

2. 記事本文を要約してみましょう。

3.「ズーム」にならって、下記の用語の意味を調べて解説文を書いてみましょう。

①貧困の連鎖

②児童虐待

③子ども食堂

4. 解　説

（1） 新聞を活用して児童家庭福祉を学ぶ

私たちは人として生まれたからには、健やかで幸せに生きたいものです。それは人が抱く根源的な求めであり、「日本国憲法」は第25条1項で「すべて国民は、健康で文化的な最低限度の生活を営む権利を有する」とし、第2項で「国は、すべての生活部面について、社会福祉、社会保障及び公衆衛生の向上及び増進に努めなければならない」と、前項を実現するために必要となる社会保障制度の確立を義務付けています。

人は生まれると、幼年期・児童期・青年期・壮年期・老年期の各段階（ライフステージ）を踏んで一生を終えます。皆さんがこれから学ぶ「児童家庭福祉」は主に幼年期・児童期におけるすべての子どもが、健やかに生活し、教育を受け、成人していく権利を保障する福祉制度です。この中には子どもが育つ家庭への支援も含まれています。

皆さんは幼年期・児童期の段階を経てきたのですから、児童家庭福祉が扱う問題や課題は、意外と身近に思うことがあるかもしれません。しかし、体験や経験の範囲はリアルではありますが、限定的で狭いものです。社会には個人の体験や経験をはるかに超えた過酷な現実があり、それは国民に知られない限り、認められない限り、社会として解決すべき、救済すべき問題・課題になっていかないのです。逆に言うと今、制度化されている児童家庭福祉の諸施策は、児童虐待や家庭の困窮など個人では解決できない問題・課題を社会が認知し、なんとか支援したいという世論が形成された結果、実現したのです。皆さんが児童家庭福祉を学ぶにあたって、まず心がけるべきことは、支援が必要な人の「声」を聴き、問題・課題の「所在」に関心を持つことです。それには新聞を読むことがとても役に立ちます。

新聞は社会に目をこらして、支援を必要とする人たちがいることを伝えます。そうした事実が社会に広く知れ渡ると、政府や自治体、議会などに救済を求める動きが現れてきます。新聞はそうした声を日々、拾い上げて伝えます。そして大勢の人の思いが一つになったとき、政治を動かし、行政を動かし、支援策が現実のものになるのです。新聞紙面には、児童家庭福祉の事業や制度が実現するまでのプロセスを続報や解説記事などで伝えていきます。制度ができあがってからも、不備があったり、機能が不十分であったりすれば、検証して記事にして伝えていきます。

新聞は児童家庭福祉を学び、理解を深めるのに役立つ教材の宝庫といえるのです。新聞に親しみ、有効活用してほしいと思います。そのためには新聞の読み方、利用法を知っておく必要があるので、いくつか紹介しましょう。

（2） 新聞の読み方

新聞記事は「見出し」「記事」「写真・図表」の大きく3つの要素で構成されています。見出しは記事のエッセンスをおおよそ8文字から12文字程度に要約し、見出しだけでこの記事の大意が分かるようになっています。記事の重要度などは活字のサイズの大小で表現しており、大きなニュース、関心を集める話題の記事などには大きな見出しと写真が配置されます。新聞には、短い時間ではとても読み切れないほどのたくさんの記事（ニュースや話題、生活情報など）が載っています。見出しは効率的に重要な記事、これはと思う記事をチョイスして読むのにとても役に立つのです。

新聞を広げると、まず見出しにざっと目を通してみましょう。児童家庭福祉にかかわる記事も、見出しを追いかけることで容易に見つけることができるはずです。読みたい、読まねばならない記事が見つかったら、いよいよ読解です。見出しでざっと記事の大意をつかんでいるので、「なぜ、そうなのか」「具体的な内容は」「どうしてこんな表現になったのか」といった問いをもって読むことが、考える力を育むうえで、とても大切です。

記事の構造も内容を素早く理解するのに役立ちます。新聞記事は内容の重要部分から順番に書いていく、いわゆる“逆三角形”の構造です。その典型が、記事の冒頭の段落を切り離して見出しの脇に配置する「リード（前文）」と呼ばれる文章。ここには、いつ（When）、どこで（Where）、だれが（Who）、何を（What）、なぜ（Why）、どのように（How）からなるニュース記事の基本要素（5W1H）が載っています。見出しとリードを読めば必要最小限の内容を読み取ることができるのです。リードに続く段落では、より具体的な内容や背景などが書かれていきます。以上のような構造を知って、記事を読み進めてほしいと思います。

記事の種類についても知っておくと役立ちます。ニュースの基本部分を扱うストレート記事、これまでの経過や背景など伝えて理解を深めてもらう解説記事、関係者の声や意見をまとめた雑感記事、新聞社の意見を伝える社説などがあります。関連づけて読めばニュースを多面的に深く理解するのに役立つでしょう。

（3）新聞の活用法

児童家庭福祉を学ぶのに役立つ新聞記事活用法を紹介します。

①「児童家庭福祉記事スクラップブック」を作りましょう。

関心があったり、講義で学んだりした児童家庭福祉に関する記事が見つかると、切り抜いてノートやスクラップ帳に貼り付けましょう。福祉施策に直接関係していなくても、児童虐待や子どもの貧困、教育格差など、関心や興味を抱いた記事はどんどん切り抜きましょう。

②用語・数値データ集をつくりましょう。

新聞記事は幅広い年代の人が理解できるように平易な表現を心がけているのですが、専門用語についてはそのまま使われていることが多く見られます。キーになる用語をノートに書き写して意味を調べて記入しましょう。その際に役に立つのが用語を解説した小さな記事で、山陽新聞では「ズーム」という名称で掲載されています。収集した用語が増えると、ミニ福祉用語辞典になるはずです。基礎的な数値データもノートに書きとめ、覚えてしまいましょう。たとえば生活保護費以下の収入で暮らす子育て世帯の割合は2012（平成24）年に13.8％となり、20年間で倍増したこと、2015（平成27）年度に全国の児童相談所が対応した児童虐待の件数は10万3,000件（速報値）と過去最悪を更新したことなど、重要な数値を把握しておきましょう。

③調べてみましょう。

スクラップブックを読み返し、その中で最も関心を抱いた記事の内容をもっと詳しく知るために調べてみましょう。その近道となるのが、関連する記事を過去にさかのぼって探し出すことです。大学の図書館や公立図書館などにある新聞記事データベース（山陽新聞社では総合データベース『サンデックス』）を利用して、関連記事を探し出し、時系列に沿って読み込みましょう。ここまでくれば研究テーマと言えるくらいまで関心が高まり、知識も増えているはずです。教員の指導を得ながら専門書をひもとき、必要に応じて福祉の現場へ出向いたりして理解を深めることができれば、福祉を学ぶ学生として素晴らしいことであり、その手法はどんな分野の職業に就いても役に立つものです。

（佐々木善久）

記　事

こどもの日

貧困問題に目を向けよう

社説

2015.5.5

　日本では、子どもの6人に1人が貧困にあえいでいる―。そう聞くと、驚く人は多いかもしれない。

　戦後70年を経て、日本は世界で最も豊かな国の一つになった。貧困といえば遠い国の話とイメージしがちだ。確かに日本の場合、発展途上国のように直ちに命が脅かされるような「絶対的貧困」ではない。問題視されているのは、大部分の人と比べた「相対的貧困」である。

　国が発表する子どもの貧困率は、平均的な所得の半分を下回る世帯で暮らす18歳未満の割合を示す。直近の2012年時点では16・3%で、過去最悪を更新した。

　国が貧困率を初めて公表したのは09年で、それまで子どもの貧困は社会に存在しながら「見えない問題」だった。貧困率は1990年代半ばから悪化しており、非正規労働の広がりや、離婚などによるひとり親家庭の増加が背景にあるとみられる。

　特に母子家庭の状況は厳しい。今年1月の本紙記事では、パートの月収が10万円ほどしかなく、新品のランドセルが買えない岡山県内の母子家庭が紹介されていた。国の調査では2011年度、母子家庭の母親の半数がパートやアルバイトなどの非正規で働き、年収は平均181万円と父子家庭（平均360万円）の半分にとどまる。

　貧困は単に「お金がない」というだけでなく、子どもにさまざまな影響を与える。貧困家庭を支援するNPO法人などによれば、深夜まで働く親に代わって弟や妹の面倒を見たり、生活リズムを崩したりして不登校になる子がいる。勉強につまずいても塾などに行けず、どうせ進学できないからと勉強への意欲を失っていく子もいるという。

　学ぶ意欲や将来への夢、希望…。子どもたちが持つべき多くのものを貧困が奪っている現実に、社会全体が関心を向ける必要がある。

　昨年1月に「子どもの貧困対策推進法」が施行され、対策は動きだしている。安倍晋三首相は先月、子どもの貧困対策に関し、財源確保を含めた政策パッケージを年内にまとめると表明した。夏ごろには政府内に事務局を設け、全国から寄付を募り、貧困家庭を学習面や生活面で支援している団体に助成する基金も創設するという。

　貧困対策に取り組む民間団体の有志が政策提言などを行う「子どもの貧困対策センター」（仮称）を6月に設立するなど、民間の動きもある。

　国の財政が厳しい中で、迅速に対策を進めるには官民の連携は欠かせない。NPO法人など、これまで現場で支援してきた関係者の声を十分に聴き、行政は対策を進めてほしい。

　きょうは「こどもの日」。「子どもの将来が生まれ育った環境に左右されることのないよう環境を整備する」と対策法はうたう。そんな社会の早期実現を誓う日にしたい。

出典：2015年5月5日山陽新聞朝刊

1. 社説の内容を分析すると、４つの部分（セクション）から構成されていることが分かります。各セクションを見分け、内容を要約してください。

第1セクション

〈セクションを構成する段落（○に数字を入れてください）〉
最初から第○段落まで
〈要約文〉

第2セクション

〈セクションを構成する段落（○に数字を入れてください）〉
第○段落から第○段落まで
〈要約文〉

第3セクション

〈セクションを構成する段落（○に数字を入れてください）〉
第○段落から第○段落まで
〈要約文〉

第 4 セクション

〈セクションを構成する段落（○に数字を入れてください）〉
第○段落から最後まで
〈要約文〉

2. 社説を読んだ感想を書いてください。

3. 解　説

〈社説・評論とは〉

新聞は社会に生起するさまざまな事象の中から知ってほしい、知らせなければならないと判断したものを文章にまとめて伝えています。その文章を見ると、大きく2つのタイプがあります。事実をありのまま読者に伝える「ニュース記事」と、事実に対する見解や主張、意見を読者に伝える「評論」です。皆さんに読んでいただいた「社説」は、後者の代表格になります。

日本で最初の日刊新聞は、明治維新直後の1871（明治3・旧暦のため）年創刊の横浜毎日新聞とされています。その後、全国各地でさまざまな新聞が生まれました。当時は国会の開設を求める自由民権運動が燃え盛った時代です。新聞は事実を伝える記事と、意見を述べる評論が入り混じり、中には特定の政党の意見を代弁するものもありました。その後、時代が下るにしたがって事実と意見を分けて掲載するようになってきましたが、明確に新聞編集の根本指針に位置付けられたのは太平洋戦争の終戦〔1945（昭和20）年8月15日〕後のことです。

全国の新聞社が加盟して発足した日本新聞協会は1946（昭和21）年7月、「新聞倫理綱領」を制定し、その中で「ニュースの報道には絶対に記者個人の意見をさしはさんではならない」と述べ、客観的、中立的な立場で記事を作成する義務を明示しました。一方で、「評論は世におもねず、所信は大胆に表明されねばならない」とし、事実をもとにした意見・見解を伝えることが、新聞の重要な機能であることを強調しました。この指針は、2000（平成12）年6月にあらためて制定した現在の新聞倫理綱領においても、「報道は正確かつ公正でなければならず、記者個人の立場や信条に左右されてはならない。論評は世におもねらず、所信を貫くべきである」と規定されています。

なぜ、新聞は事実を伝えることにとどまらず、事実に関する意見や主張、見解を社説などを通じて論評するのでしょうか。「事実だけ伝えてくれればよい。意見や主張は余計なものだ」という考えもあると思います。それに対して、たとえばこんな考えはどうでしょうか。

皆さんが旅行を計画する時、名所や旧跡、観光地の事実情報やデータを基に自分だけの判断で見るものを決める方法があります。それとは異なり、その地の歴史や文化に精通した専門家が「ここと、ここは必ず見てください」「このコースはイチオシです」「ここは時間に余裕がないならパス可能です」と教えてくれた意見や見解、お薦めを参考にして決める方法もありますよね。どちらを取るにしても、最後は自分で決めなければなりません。皆さんはどちらを選びますか。社説や評論は報道を任務とする新聞社や、その分野の専門家が意見や見解、主張を提供し、読者が内容をより深く理解したり、自分なりの判断をしたりするための参考となる役割を担っているのです。

複雑な現代社会にあって、事実のみを伝えるニュース記事だけでは背景や歴史的な経緯、どのような問題なのかといったニュースを深く理解することは難しいものがあります。さらに踏み込んで、自分としてどのように受け止めればよいのか、良いことなのか悪いことなのか、社会の一員として無視してよいことなのか関心を払っていくべきことなのか…。社説や評論は、ニュースの背景や経緯等を解説しながら一つの意見として、解決に向けた選択肢や方向性を示す、あるいは賛成・反対の立場を打ち出すことで、読者が自分の考えをまとめる参考にしてもらうものなのです。「社説はこういう主張をしているが、私はそうは思わないな」「そうか、こんな問題だったのか。こんな解決法もあるんだなあ」と読者が考えを広げていく機会になればよいのです。自分の考えや意見を作っていくための補助教材ともいえるでしょう。

もう一つ、社説の大切な役割があります。社会の声、とりわけ社会的に弱い立場の人の声を代弁して多くの人に訴えて知ってもらうことです。1946（昭和 21）年制定の新聞倫理綱領では、評論の態度として「訴えんと欲しても、その手段をもたない者に代わって訴える気概をもつことが肝要である」と述べています。皆さんに読んでいただいた社説「こどもの日　貧困問題に目を向けよう」〔2015（平成 27）年 5 月 5 日、山陽新聞〕はそのタイプに当たり、子どもの貧困問題がまだまだ知られていない状況を解説し、社会全体で取り組むべき問題であることを認識しようと訴えた内容です。

ここまで少々長くなりましたが、社説、評論について解説してきました。それを踏まえて教材にした社説の構造を読み解いてみましょう。

〈文章構造を分析して読む〉

教材とした社説は 4 つのセクションから構成されています。まず、子どもの貧困の意味と現状（最初から 5 段落まで）、続いて貧困が子どもに与える影響（6、7 段落）を明らかにし、社会が放置してはならない問題であることを強調しています。そして、政府や民間が取り組んでいる対策（8、9 段落）を伝え、今後取り組むべき方向性（10、11 段落）を示しています。

社説や評論は意見や主張を述べるものですが、事実や経過を正確に織り込んでいかなければ根拠なき空論になってしまいます。したがってきちんと構成された社説や評論は、効率的に読めるニュース解説としての機能も併せ持っているのです。第 1 ～第 3 セクション（1 段落から 9 段落まで）がそれに当たります。社説は新聞社の論説委員会がその時々の重要な課題を取り上げて執筆しています。5 分もあれば目を通すことができるのですから社会が今、どんな問題を抱えているかを効率的に知ることができるのです。第 4 セクション（10、11 段落）は事実を扱ったものではなく、これから取るべき対策の方向性を指摘し、目指すべき社会実現への決意を共有していこうと訴えた内容になっています。

今回は子どもの貧困を取り上げた社説を教材にしましたが新聞社の社説には、このほかにも児童家庭福祉に関する数多くのテーマが取り上げられています。山陽新聞社でも「里親制度　担い手を増やし支えよう」「児童虐待　児相の体制強化が急務だ」「児童養護施設　高校卒業後も支援継続を」「川崎・中 1 殺害　『相談して』と伝えたい」「学童保育の充実　豊かな放課後への一歩に」「待機児童の増加　なお実態を映していない」― など積極的に取り上げてきています。講義で聞いたり、テキストを読んだりして気になった課題が、複数の新聞社の社説でどのように取り上げられているかを読み比べることも、多様な見方や意見を知り、より深い理解につながります。ニュース記事だけでなく、社説や評論も有効に利用してほしいと思います。

（佐々木善久）

第2章　少子高齢化と児童福祉

記　事

No.1982　教育ルネサンス　変わる受験産業　5

少子高齢化にらみ新事業

塾や予備校が、受験生の減少で空いた教室などを活用して、新たな事業を展開している。

東京都立川市の城南予備校立川校。浪人生や高校生が行き交う7階建てビルの2階に、「城南ルミナ保育園立川」がある。同予備校や個別指導塾などを経営する城南進学研究社（本社・川崎市）が2011年、生徒用の自習室を改装し、開園した。

園児は0～5歳の約40人。10月下旬、3～5歳児は数と文字を理解するための問題プリントに向かっていた。2歳児たちは、両端にボタンのついた布と布をつないで長いひもにしたり、輪を作ったり。指先を器用にし、自由な造形で創造性などを養うのが狙いだ。全員が週1回ずつ、外国人講師とふれ合い、英会話に親しむ。

同社は、同様の育児法を取り入れた乳幼児教室も、都内など4か所で運営。Aさん・事業本部長(43)は、乳幼児向け事業に踏み出した理由について、「塾や予備校だけでは経営を維持できない。保育園や教室に通った乳幼児は成長後も、顧客になってくれるかもしれない」と説明する。

さらに12年には、就職活動をする大学生対象の「城南就活塾」を同予備校横浜校内に開設。既存校舎を利用して増設していく方針だ。乳幼児から社会人までカバーする総合教育企業を目指すという。

高齢者に目を向ける塾もある。首都圏で市進予備校などを経営する市進教育グループは昨年7月、埼玉県川越市の7階建てビルの1階にあった予備校の空き教室などを利用し、高齢者向けのデイサービス施設「ココファン川越」をオープンさせた。市進で講師経験がある男性職員2人が、業務提携する学研グループの教材を用いて、そろばんや百人一首などを教える。

市進教育グループは有料老人ホームと高齢者用賃貸住宅も運営。「日本はさらに高齢化が進む。自社ビルを再活用して介護福祉施設を増やし、これまで講師として培った教える技術を生かしてもらう」とする。

一方、京都市を中心に進学塾を経営する京進グループは今春、JR京都駅前の自社ビルの一部で日本語学校を開校した。大学入学を目指して来日した外国人らに日本語教育や受験指導を行う。東京都内でも日本語学校3校を運営。Bさん・日本語教育事業部長(51)は「国内の人口減が進めば、看護師ら日本で働く外国人が増え、日本語教育の需要が高まるはず。塾での指導ノウハウが強みになる」。

少子化が日本の受験産業を変えていく。

塾・予備校グループによる受験指導以外の主な事業

グループ名（本部所在地）	特色ある事業内容
城南進研（川崎市）	保育園、乳幼児教室、英会話教室、就活塾
市進教育（千葉県）	介護福祉施設運営、学童保育、日本語学校
京進（京都市）	日本語学校、保育園、英会話教室、企業研修
ナガセ（東京都）	大学補習、企業英語研修、スイミングスクール
栄光（東京都）	学童保育、習い事・体験活動教室、語学教室
河合塾（名古屋市）	大学教育・広報支援、高校教員研修、専門学校

出典：2014年10月31日読売新聞朝刊

1．言葉を調べてみましょう。

（1） 乳幼児教室にはどのようなものがあるでしょうか。

（2） 高齢者の定義を調べてみましょう。

（3） デイサービスとはどのような事業でしょうか。

（４） 有料老人ホームとはどのような施設ですか。

（５） 少子化の意味を調べてみましょう。

2．この記事を読んだ感想をまとめてみよう。

3. 解　説

（1） 乳幼児教室

乳児や幼児さらに小学校低学年児童が、遊びや集団生活を通じて自主性や協調性を身につけながら健康的な生活を送り、基本的習慣を学び、社会に対する正しい理解や態度を養うことを目的とする教室です。株式会社などの営利法人によるものから非営利法人や法人格のないグループが運営するものまで様々です。法的規制は特にありません。

学習や技術習得を目的とするものもあります。子どもたちが家庭や地域で高齢者と接することが少なくなっていることから、高齢者とのふれあい体験を取り入れているところもあります。一歩進んで、託児と託老を兼ね備えた施設を運営するケースが少しずつ増えています。

（2） 高齢者

一般に65歳以上の人のことを高齢者といいます。ただし、何歳以上をもって高齢者というかについては厚生労働省を含め国は明確に定義しているわけではありません。その中でも65歳から74歳までの人を前期高齢者、75歳以上の人を後期高齢者ということが多いようです。例えば、「高齢者の医療の確保に関する法律」では第32条第1項で「前期高齢者である加入者（65歳に達する日の属する月の翌月（その日が月の初日であるときは、その日の属する月）以後である加入者であって、75歳に達する日の属する月以前であるものその他厚生労働省令で定めるものをいう）」と規定しています。この法律では65歳から74歳までの人が前期高齢者、75歳以上の人が後期高齢者となっています。

（3） デイサービス

デイサービスとは通所介護のことです。介護保険制度の場合には、通所介護とは「居宅要介護者について、老人福祉法第5条の2第3項の厚生労働省令で定める施設又は同法第20条の2の2に規定する老人デイサービスセンターに通わせ、当該施設において入浴、排せつ、食事等の介護その他の日常生活上の世話であって厚生労働省令で定めるもの及び機能訓練を行うこと（利用定員が厚生労働省令で定める数以上であるものに限り、認知症対応型通所介護に該当するものを除く。）をいう。」と規定されています（「介護保険法」第8条第7項）。

訪問介護（ホームヘルプサービス）・通所介護（デイサービス）・短期入所生活介護（ショートステイ）は在宅介護3本柱と呼ばれています。この3種類のサービスを中心に様々なサービスを利用して、要介護者（要支援者）の在宅生活の継続とその家族の介護負担の軽減を図ることとされています。

（4） 有料老人ホーム

「老人福祉法」第29条第1項によれば、有料老人ホームとは「老人を入居させ、入浴、排せつ若しくは食事の介護、食事の提供又はその他の日常生活上必要な便宜であって厚生労働省令で定めるもの（略）の供与（他に委託して供与をする場合及び将来において供与をすることを約する場合を含む。）をする事業を行う施設であって、老人福祉施設、認知症対応型老人共同生活援助事業を行う住居その他厚生労働省令で定める施設でないものをいう」と規定されています。有料老人ホームを設置しようとする者は、あらかじめ、その施設を設置しようとする地の都道府県知事に、一定の事項を届け出なければなりません。この規定に基づく届出がなされているか否かに関わらず、入居サービスおよび介護等サービスの実施が認められれば、すべて有料老人ホームに該当するものとして取り扱われます。

厚生労働省は「有料老人ホーム設置運営標準指導指針」を定めています。無届の有料老人ホームでの高齢者虐待が明らかになることも少なくありません。厚生労働省は無届の有料老人ホームを減らそうとしています。

（5） 少子化

2003（平成15）年に「少子化社会対策基本法」が制定されました。この法律の前文はわが国の少子化の状況と対策について的確に表しています。まず、「平均寿命の伸長による高齢者の増加とあいまって、我が国の人口構造にひずみを生じさせ、21世紀の国民生活に、深刻かつ多大な影響をもたらす。我らは、紛れもなく、有史以来の未曾有の事態に直面している。」と現在の状況を述べています。少子化対策のための取り組みについては「少子化は、社会における様々なシステムや人々の価値観と深くかかわっており、この事態を克服するためには、長期的な展望に立った不断の努力の積重ねが不可欠で、極めて長い時間を要する。急速な少子化という現実を前にして、我らに残された時間は、極めて少ない。」としています。そして「家庭や子育てに夢を持ち、かつ、次代の社会を担う子どもを安心して生み、育てることができる環境を整備し、子どもがひとしく心身ともに健やかに育ち、子どもを生み、育てる者が真に誇りと喜びを感じることのできる社会を実現し、少子化の進展に歯止めをかけることが、今、我らに、強く求められている。」と国民に強く訴えています。

（松畑　熙一）

記　事

育児と介護 同時25万人

「ダブルケア」負担重く

内閣府 初調査

育児と介護の「ダブルケア」に直面している人が全国で約二十五万人に上り、八割が三十～四十代であることが二十八日、内閣府の推計で分かった。子育てや親の介護を理由とした離職が問題となる中、働き盛りの世代に最も重い負担がかかっている。ダブルケアに関する政府調査は初めて。

＝女性の17％が離職㉚面

政府は人口減少で先細りする労働力を確保するため「一億総活躍」を掲げるが、少子化や晩産化によりダブルケアを担う人は今後さらに増えるとみられる。仕事と家庭を両立させ負担を緩和するための実効性のある支援が急務となっている。

推計人口は、二〇一二年の総務省「就業構造基本調査」を基に集計。ダブルケアの人は男性が約八万人、女性が約十七万人だった。育児をしている人（約一千万人）の2・5％、介護をしている人（約五百五十七万人）の4・5％にあたる。平均年齢は三九・七歳で、八割が三十～四十代だった。

就業状況を分析すると、男性の九割、女性の五割が働いており、家事よりも主に仕事をしているという割合は、男性の90・5％、女性の23・2％に上った。育児や介護への経済的負担からか、就業継続を希望する人は男女で七割を超え、働いていない女性の六割以上が就業を希望している。

推計人口は、同調査で就学前の子どもを「普段育児をしている」を選択し、同居、別居を問わず親族などを「普段介護をしている」も選択した人を、ダブルケア当事者と定義し分析した。

ダブルケア　子育てと親の介護を同時進行で担う状況を指す。肉体的、精神的な負担が増すことで仕事との両立が難しく、介護費用と教育・進学費用を捻出する時期が重なることで経済的苦境を招くケースもある。増加の要因として、女性の第1子出産時の平均年齢が30・6歳（２０１４年）と上昇したことや、夫婦のきょうだいが少ないことで介護の担い手が不足するなど晩産化、少子化が指摘されている。親や祖父母世代の長寿化で、今後も増加が予想されている。

出典：2016年4月29日東京新聞朝刊（共同通信配信）

1．言葉を調べましょう。

（1） ダブルケアとは何かを説明してみましょう。

（2） 1 億総活躍とは何か調べてみましょう。

（3） 育児における現代の課題を調べてみましょう。

（4） 介護における現代の課題について調べてみましょう。

（5） 仕事と子育ての両立をはかるには何が必要か調べてみましょう。

2．この記事を読んだ感想をまとめてみましょう。

3. 解　説

（1） ダブルケアとは

晩婚化、晩産化により、保護者等の子育て年齢が上昇しています。加えて、中高年の親等が若年性認知症や脳血管等の障害により寝たきりになり、「子育て」と「介護」の双方を家族が担わなければならないケースが増加しています。2015（平成27）年現在、介護等で仕事を辞めざるをえない人が10万人以上存在し、仕事を退職することにより、所得等の喪失を招き、「子育て」の両立が不可能になり、毎日の生活に支障をきたす課題がクローズアップされています。

（2） 1億総活躍とは

安倍政権が女性の固定役割分業を解消し、女性が社会に参加し、それぞれの能力に応じて活躍し、管理職登用も積極的に進める施策を講じました。その施策が「女性活躍推進法」です。同法は、2015（平成27）年に制定され、2016（平成28）年4月から施行され施策が行われています。具体的には、国、自治体、従業員301人以上の大企業は、職場の女性の状況把握やそれに伴う課題の発見をすることが規定されました。また、その課題を解決するために、どのような具体策を講じるかの行動計画を策定し、数値目標も公表しなければなりません。さらに、これらの内容をウェブ等で情報公開することも同様に規定されました。女性活躍がめざましい優良企業は厚生労働省から認定を受けることができます。認定をうけた企業は、広報活動の1つとして商品に認定マークを付することが可能になりました。

（3） 育児のおける現代の課題

まだまだわが国は「男女の固定役割分業」があり。「男性は仕事」「女性は家事、育児等」の価値観が主流となっています。女性は、結婚後仕事に加えて家事、育児等を担う場合が多いといえます。この共働き等に対応するため「保育」や「子育て支援」等を整備していますが、ニーズ（要望）に対応していないのが実情です。

また、女性の「孤立化」「孤独化」等による虐待も増加しており、育児の課題は多岐にわたっています。背景としては、経済社会の変化により、不安定労働が増えたり、所得の減少による生活の破たん等の貧困問題が横たわっていることが挙げられます。解答は1つではなく、ここでは一部の例を取り上げました。

（4） 介護における現代の課題

ここの課題も多岐にわたります。例えば、家族介護がまだわが国では前提となっており、毎年約10万人の方が離職しています。離職し、介護を担うわけですが、所得の喪失、減少となるため生活の維持が困難になります。安倍政権では、第2の矢の中で「介護離職ゼロ」を掲げました。現在、介護職員の待遇改善、給与の改善等に国は力を入れています。

また、2025（平成37）年には、団塊の世代（1947（昭和22）年から1949（昭和24）年生まれの者）が75歳の後期高齢者になります。現在の状況では、「医療」「保健」「介護」等のサービスが需要に追い付かず、医療機関に入院できない者や介護施設に入所できない者が多数出るという予測がなされています。介護職員も9年後までには、38万人の不足も見込まれており、残された時間において、高齢者の在宅を前提に「医療」「保健」「介護」「住まい」「生活」等の支援を一体的に行う「地域包括ケアシステム」の構築が急務となっています。

（5） 仕事と子育ての両立をはかるには

「男性は仕事」「女性は家事、育児」という価値観を転換しなければなりません。男性も家事、育児を担い、男女双方で「仕事」と「子育て」の両立できる社会を目指す必要があります。この社会を「男女共同参画社会」と言います。1999（平成 11）年に「男女共同参画社会基本法」が制定されました。男女共同参画社会とは「男女が、社会の対等な構成員として、自らの意思によって社会のあらゆる分野における活動に参画する機会が確保され、もって男女が均等に政治的、経済的、社会的及び文化的利益を享受することができ、かつ、共に責任を担うべき社会」と同法第 2 条第 1 号で規定されています。男女共同参画社会の実現のために 5 つの基本理念を掲げています。すなわち、①男女の人権の尊重、②社会における制度又は慣行についての配慮、③政策等の立案及び決定への共同参画、④家庭生活における活動と他の活動の両立、⑤国際的協調です。

また、2007（平成 19）年には関係閣僚、経済界、労働界、地方公共団体の代表者をメンバーに「官民トップ会議」を開催し、「仕事と生活の調和（ワ－クライフバランス）憲章」と「仕事と生活の調和推進のための行動指針」を発表しました。官民あげて「仕事と子育ての両立」に向けた具体的な取り組みが行われるようになりました。

（松畑　熙一）

第3章　児童福祉の歴史

記　事

日本に生母 47年ぶり再会

国際養子縁組で渡米 ハワイ州議員

米国ハワイ州議会の上院議員グレン・ワカイさん(48)は昨年、日本人の生みの母と47年ぶりの再会を果たした。生まれてすぐに乳児院に預けられ、1歳半でハワイの日系人夫婦のもとに養子縁組され、米国人として育った。自分が養子だと知っていたが、愛情を注いで育ててくれた両親への遠慮もあって追究せず、親しい友人にも語らなかった。ルーツ探しの「旅」に乗り出したのは、両親が相次いで亡くなったのがきっかけだった。

2年前の秋に病死した母の遺品を整理していた父は、一冊のパスポートをワカイさんに手渡した。幼い自分の写真とともに「島袋満」という日本名が記されていた。間もなく父も逝く。ワカイさんは初めて「生みの母に会いたい」と思った。日に日に思いがおさえられなくなった。

日本人の妻美希さん(43)の助けで、自分の国際養子縁組を仲介した機関を見つけ、その取り次ぎで沖縄に住む生みの母、ボートン洋子さん(64)とつながった。昨秋、洋子さんが米国人の夫と共にハワイを訪れ、再会を果たした。

「なんて自分と似ているんだろう。小柄で人なつこくておしゃべりで」。ワカイさんは洋子さんを海に面したお気に入りのレストランに招待した。「育てられずにごめんなさい」。泣きながら謝る洋子さんに、ワカイさんは「その気持ちだけで十分。産んでくれてありがとう」。母と息子は半世紀近い空白を埋めるように語りあった。

洋子さんは当時、美容師を目指して上京。16歳でワカイさんを産んだ。独りで育てるつもりだったが親族に強く反対され、失意のうちに沖縄に戻った。「どうか満ち足りた人生を送って」と「満」と名付けたという。国内で育て親を見つけるのは困難な時代。ワカイさんが施設を経て海外に縁組されたことを洋子さんは知らなかった。「満のことは片時も忘れず、ちゃんと生活できているのかずっと気がかりだった。ひと目会って謝りたかった」

ルーツ探し契機「懸け橋に」

「すべて起こるべくして起きたとしか思えない」とワカイさんは言う。日本人と結婚し、妻がルーツ探しを助けてくれたこと。生みの母が国際結婚していて言葉の壁がなかったこと。政治家としてハワイと日本の懸け橋になれる立場にいること――。

ワカイさんはテレビ記者を経て13年間、州議会の上下両院議員を務め、議員団の交流でも日本を訪れる。自分のルーツ探しをきっかけに、親と暮らせない子たちのための社会的養護の政策に関心を持ち、日本ではそうした子たちの多くが施設で暮らしていると知った。

米国では毎年、里親制度の下にいる約5万人が養子縁組されるなど家庭での養護が主流だ。生まれた国と育った国との違いに自らの「役割」を感じたという。

「僕は愛情を注いでくれる両親と出会って無限の可能性を与えられた。子どもには1対1で向き合ってくれる大人が必要だ」。ワカイさんは今後、日本の社会的養護の関係者らに自身の経験や家庭養護の意義を伝えていきたいという。

（グローブ編集部・後藤絵里）

国際養子縁組とルーツ探し

国際養子縁組は第2次大戦後、戦災孤児を救うため世界的に活発化した。日本でも日米孤児救済合同委員会を前身とする社会福祉法人・日本国際社会事業団などが、親が育てられない子らを米国を中心に海外の育て親につないできた。事業団は2千人あまりを国内外の外国人家庭に縁組し、記録は全て保管している。90年ごろからルーツ探しの照会がくるようになり、近年は毎年10件程度あるという。職員の田中美結さん(31)は「相手側の心の準備度合いや今の家族への影響もあり、ルーツ探しは時機も含め熟慮が必要」だと話す。

出典：2015年7月5日朝日新聞

1．言葉を調べてみましょう。

（1） どのような養子縁組があるか調べてみましょう。

（2） どのような里親制度があるか調べましょう。

（3） 国際養子縁組について調べてみましょう。

（4） 乳児院とはどのような施設ですか。

（5） 社会的養護や家庭養護とは何か調べてみましょう。

2. この記事を読んだ感想をまとめてみましょう。

3. 解　説

（1） 養子縁組

「民法」は第792条以下で養子縁組の要件を定めています。成年に達した者は、養子をすることができます（第792条）。後見人が被後見人（未成年被後見人及び成年被後見人）を養子とするには、家庭裁判所の許可を得なければなりません。

また、「民法」では特別養子縁組について定めています。特別養子縁組は、父母による養子となる者の監護が著しく困難又は不適当であることその他特別の事情がある場合において、子の利益のため特に必要があると認めるときに、これを成立させるものとされています（第817条の7)。特別養子縁組を成立させるには、養親となる者が養子となる者を6か月以上の期間監護した状況を考慮しなければなりません（第817条の8)。特別養子縁組は、家庭裁判所が、一定の要件があるとき、養親となる者の請求により成立させます。このとき、実方の血族との親族関係は終了します（第817条の2)。特別養子縁組の成立には、原則として、養子となる者の父母の同意がなければなりません（第817条の6)。なお、養親は原則として25歳に達していなければなりません。

（2） 里親とファミリーホーム

「児童福祉法」第6条の4は、養育里親及び厚生労働省令で定める人数以下の要保護児童を養育することを希望する者であって、養子縁組によって養親となることを希望するものその他のこれに類する者として厚生労働省令で定めるもののうち、都道府県知事が第27条第1項第3号の規定により児童を委託する者として適当と認めるものを里親としています（第1項)。里親の種類には、養育里親、専門里親、養子縁組を希望する里親（養子縁組里親)、親族里親があります。養育里親とは、第1項に規定する厚生労働省令で定める人数以下の要保護児童を養育することを希望し、かつ、都道府県知事が厚生労働省令で定めるところにより行う研修を修了したことその他の厚生労働省令で定める要件を満たす者であって、養育里親名簿に登録されたものをいいます(第2項)。専門里親とは、養育里親として3年以上の委託児童の養育の経験を有する者など一定の要件に該当する養育里親であって、被虐待児・非行児・障害児などの要保護児童のうち、都道府県知事がその養育に関し特に支援が必要と認めたものを養育するものとして養育里親名簿に登録されたものをいいます（「児童福祉法施行規則」第1条の36・第1条の37)。養子縁組里親は、養子縁組によって養親となることを希望する者（「児童福祉法施行規則」第1条の33第2項第1号）です。親族里親は、要保護児童の扶養義務者（民法に定める扶養義務者をいいます）及びその配偶者である親族であって、要保護児童の両親その他要保護児童を現に監護する者が死亡、行方不明、拘禁、疾病による病院への入院等の状態となったことにより、これらの者による養育が期待できない要保護児童の養育を希望する者です（「児童福祉法施行規則」第1条の33第2項第2号)。

小規模住居型児童養育事業（ファミリーホーム）とは、「児童福祉法」第27条第1項第3号の措置がされた児童について、厚生労働省令で定めるところにより、保護者のない児童又は保護者に監護させることが不適当であると認められる児童の養育に関し相当の経験を有する者等の住居において養育を行う事業をいいます（「児童福祉法」第6条の3第8項)。

（3）国際養子縁組

現在、国際養子縁組を支援している団体はいくつかあります。例えば日本国際社会事業団は、第二次世界大戦直後に「日米孤児救済合同委員会」として発足しました。この団体はアメリカをはじめとする進駐軍関係者と日本人との間の混血児のため国際養子縁組を斡旋する活動を行ってきました。当時の国内の経済状態や社会の偏見から混血児を日本で育てることは容易でなかったことが背景にあります。

（4）乳児院

乳児院は、乳児（保健上、安定した生活環境の確保その他の理由により特に必要のある場合には、幼児を含む）を入院させて、これを養育し、あわせて退院した者について相談その他の援助を行うことを目的とする施設です（「児童福祉法」第37条）。

乳児院における養育は、乳幼児の心身及び社会性の健全な発達を促進し、その人格の形成に資することとなるものでなければなりません（「児童福祉施設の設備及び運営に関する基準」第23条第1項）。乳児院の養育の内容は、乳幼児の年齢及び発達の段階に応じて必要な授乳、食事、排泄、沐浴、入浴、外気浴、睡眠、遊び及び運動のほか、健康状態の把握、健康診断及び必要に応じ行う感染症等の予防処置を含みます（同第2項）。乳児院における家庭環境の調整は、乳幼児の家庭の状況に応じ、親子関係の再構築等が図られるように行わなければなりません（同第3項）。

（5）社会的養護と家庭養護

厚生労働省ホームページ（注）によれば、社会的養護とは「保護者のない児童や、保護者に監護させることが適当でない児童を、公的責任で社会的に養育し、保護するとともに、養育に大きな困難を抱える家庭への支援を行うこと」であり、「子どもの最善の利益のために」と「社会全体で子どもを育む」を理念として行われているとされています。

社会的養護の施設等として、児童養護施設、乳児院、情緒障害児短期治療施設、児童自立支援施設、母子生活支援施設、自立援助ホーム、児童家庭支援センターなどがあります。なお、「児童福祉法」改正に伴い、情緒障害児短期治療施設は、2017（平成29）年4月から「児童心理治療施設」に改称されました。

2012（平成24）年1月16日第13回社会保障審議会児童部会社会的養護専門委員会に提出された厚生労働省資料「『家庭的養護』と『家庭養護』の用語の整理について」によれば、「これまで、『家庭的養護』と『家庭養護』の言葉を区別してこなかったが、家庭養育という用語との関係や、国連の代替的養護の指針での用語の区別などを踏まえ、『施設養護』に対する言葉としては、里親等には『家庭養護』の言葉を用いるよう、用語の整理を行う」とされています。

（注）www.mhlw.go.jp

（今井　慶宗）

記　事

石井十次足跡たどる

順正学園50周年　岡山でシンポ

子どもの貧困対策テーマ

宮崎に生まれ、岡山に日本初の孤児院を開設した石井十次（1865～1914年）の足跡をたどりながら、子どもの貧困対策の在り方を考えるシンポジウム「石井十次と子ども支援」が11日、岡山市北区柳町の山陽新聞社さん太ホールで開かれ、十次ゆかりの岡山、宮崎両県の有識者らが意見を交わした。

岡山県の伊原木隆太知事、大原美術館の大原謙一郎理事長、順正学園の加計美也子理事長、石井記念友愛社の児嶋草次郎理事長、俳優の辰巳琢郎氏、宮崎日日新聞社の町川安久社長、山陽新聞社の松田正己社長の7氏が討論した。

十次の功績について、伊原木知事は「岡山が福祉の先進地として評価される一番のきっかけになった」と指摘。ひ孫で児童養護施設などを宮崎で運営する児嶋氏は「当時から施設より里親による養護を理想に掲げており、百年後を見据えていた」との見方を示した。

子どもの貧困問題などについて意見が交わされたシンポジウム

貧困にあえぐ子どもの支援に関しては、十次を支えた実業家・大原孫三郎を祖父に持つ大原氏が「社会全体の心のたたずまいも良い方向に導くことが重要だ。それは十次と孫三郎の教えでもある」と強調。加計氏は、学生とともに生活困窮世帯への食品の無償提供に取り組んでいる活動を紹介し「ボランティアを通じて学ばせていただく、という姿勢が学生に見えるようになった」と説明した。

十次や子どもの貧困に関する報道を通じて見えた課題として、町川社長は「足もとに大変な闇が広がっていた。子どもは自ら貧困を見せないだけに、第1発見現場となる学校に期待したい」とし、報道機関の役割について松田社長は「地域の中の善意を発掘し、支援の厚みにつなげることが重要。問題への関心が高まるよう、しっかり発信していきたい」と述べた。

シンポは岡山、宮崎両県で大学を運営する順正学園（岡山市北区岩田町）が創立50周年を記念して主催。市民や福祉関係者ら約300人が参加した。（高下修）

本社HPに動画

出典：2016年2月12日山陽新聞朝刊

1．調べてみましょう。

（1） 石井十次について調べてみましょう。

（2） 孤児院（現在の児童養護施設）について調べましょう。

（3） 児童養護施設の制度の変遷を調べましょう。

（4） 子どもの貧困とは何か調べてみましょう。

（5） 「子どもの貧困対策の推進に関する法律」にはどのようなことが規定されていますか。

2．この記事を読んだ感想をまとめてみましょう。

3. 解　説

（1） 石井十次と岡山孤児院十二則

石井十次は、現在の宮崎県出身です。キリスト教を信仰し、岡山孤児院を創設しました。社会福祉法人石井記念友愛社のホームページ（http://service.kijo.jp/~yuuaisya/）には石井十次について次の記述があります。

明治20年、岡山県邑久郡大宮村上阿知診療所で代診。四国巡礼帰途の母親から男児を1人預かったのをきっかけに、孤児救済事業を始める。三友禅寺の一画を借り、「孤児教育会」（後に「岡山孤児院」と改称）の看板を掲げた。明治時代には社会福祉制度がなかったため、資金は個人の善意や寄付に頼るしかなかった。そこで「孤児教育会趣意書」を作成し、キリスト教関係者に協力を仰ぎ、孤児教育会を会員組織としてキリスト教徒や医学校の同窓生を中心に会員を募り、県内外の人に理解を求めた。

岡山孤児院における独自の教育法は岡山孤児院十二則としてまとめられました。それは家族主義、委託主義、満腹主義、実行主義、非体罰主義、宗教主義、密室教育、旅行教育、米洗教育、小学教育、実業教育、托鉢主義の12であり、当時として進歩的内容でした。

（2） 孤児院と児童養護施設

1929（昭和4）年成立の「救護法」は第6条で「本法ニ於テ救護施設ト称スルハ養老院、孤児院、病院其ノ他ノ本法ニ依ル救護ヲ目的トスル施設ヲ謂フ」と定められました。すなわち、孤児院は公的扶助としての救護施設の一種でした。ここで法律上はじめて孤児院が規定されました。「児童福祉法」制定に伴い孤児院は養護施設に改称されました。さらに1997（平成9）年には、虚弱児施設と共に児童養護施設とされました。

児童養護施設は、保護者のない児童（乳児を除くが、安定した生活環境の確保その他の理由により特に必要のある場合には、乳児を含む）、虐待されている児童その他環境上養護を要する児童を入所させて、これを養護し、あわせて退所した者に対する相談その他の自立のための援助を行うことを目的とする施設です（「児童福祉法」第41条）。児童養護施設における養護は、「児童に対して安定した生活環境を整えるとともに、生活指導、学習指導、職業指導及び家庭環境の調整を行いつつ児童を養育することにより、児童の心身の健やかな成長とその自立を支援することを目的として行わなければならない」こととされています（「児童福祉施設の設備及び運営に関する基準」第44条）。

（3） 「子どもの貧困と子どもの貧困対策の推進に関する法律」

長期の経済の低迷によって、貧困者・貧困世帯の割合が増加しているといわれます。この貧困問題は児童の生活にも大きな影響を及ぼしています。貧困状態にある児童の生活水準を引き上げ、よりよい生活環境を整え教育を施すことによって、貧困の世代間連鎖を断ち切る必要性が強調されるようになっています。

児童の貧困問題に対応するため2013（平成25）年、「子どもの貧困対策の推進に関する法律」が成立しました。この法律は、「子どもの将来がその生まれ育った環境によって左右されることのないよう、貧困の状況にある子どもが健やかに育成される環境を整備するとともに、教育の機会均等を図るため、子どもの貧困対策に関し、基本理念を定め、国等の責務を明らかにし、及び子どもの貧困対策の基本となる事項を定めることにより、子どもの貧困対策を総合的に推進すること」を目的としています。基本理念を定める第２条は第１項で「子どもの貧困対策は、子ども等に対する教育の支援、生活の支援、就労の支援、経済的支援等の施策を、子どもの将来がその生まれ育った環境によって左右されることのない社会を実現することを旨として講ずることにより、推進されなければならない」と定めています。これらの施策によって少しでもよりよい生活環境・教育環境が整えられ、貧困から脱する意欲を持つことができるようにしていくことは社会の役割と考えられます。

（今井　慶宗）

第4章　児童福祉の法律

記　事

児童ポルノ摘発過去最多 1,023 件

全国の警察が今年1～6月に摘発した児童ポルノ事件は、前年同期と比べ192件多い1,023件だったことが15日、警察庁のまとめ（暫定値）で分かった。摘発人数も84人多い742人で、2000年の統計開始以降、いずれも最多となった。

被害を受けた子どもは781人に上り、前年同期の384人から倍増。このうち小学生以下は77人で、強姦《ごうかん》・強制わいせつで裸を撮影されるなどしたのが32人。最年少は4歳の女児だった。

警察庁によると、全体のうち、だまされたり、脅されたりして裸の画像をメールなどで送らせる「自画撮り」の被害者は239人で、106人だった12年上半期以降、増加傾向が続く。中学生が半数以上の135人を占めており、最年少は9歳の女児だった。

自画撮りの被害者が加害者と面識のないケースは8割近くで、警察庁の担当者は「一度応じてしまえば『ばらまくぞ』などと脅しが続く。絶対に送らないでほしい」と注意を呼び掛けている。

出典：2016年9月16日共同通信

1．言葉を調べてみましょう。

（1） 新聞記事に児童ポルノ摘発数が年々増加していると載っています。その原因は何だと考えられますか。

（2） 児童ポルノ摘発の根拠となる法律に、「児童買春、児童ポルノに係る行為等の規制及び処罰並びに児童の保護等に関する法律」があります。どのような内容が書かれているか、考えてみましょう。

（3） 児童ポルノ被害に遭わないようにするには、どうすべきかを考えてみましょう。

2. この新聞記事を読んだ感想と、被害件数を減らすにはどのような意識・活動が必要かを書き留めておきましょう。

3. 解　説

（1） 児童ポルノ摘発数について

表 4-1

平成 29 年被害児童の内訳	
未就学	36 人
小学生	228 人
中学生	624 人
高校生	856 人
その他	5 人
合　計	1,749 人

最近、未成年に対する買春事件、わいせつ動画で広告収入を得ていた事件など、考えられないような事件が毎日のように報道されています。今回のワークは、そのような摘発情報を載せた新聞記事を題材にいろいろな視点から児童ポルノ事件について考えてもらいました。この記事は、2016（平成 28）年 1 月～ 6 月までの上半期に摘発した児童ポルノ事件数について記載しています。その記事によると、前年度に比べ 192 件多い 1,023 件にのぼるという衝撃的な事件数になっています。では 2017（平成 29）年の 1 年間の状況はどうでしょうか。政府広報オンラインにある統計をみると、送致件数 2,413 件で、送致人員は 1,703 件、被害を受けた児童は 1,216 名におよび、2008（平成 20）年から 2017（平成 29）年までの 10 年間に「児童買春、児童ポルノに係る行為等の規制及び処罰並びに児童の保護等に関する法律」（児童ポルノ禁止法）に基づいた検挙数が 1,184 人から 1,861 人と増加し、被害児童も 2008（平成 20）年の 338 件から 1,216 人と約 3 倍に増加しています。

また表 4-1 に示したように、被害児童の半数が高校生であることが明らかになっています。

児童ポルノの摘発件数が増加している理由として考えられる要因の一つとして、携帯電話やインターネットの普及があると考えられます。例えば、携帯電話には高性能のカメラ機能に加え、簡単に撮影、編集、公開ができる機能があるように、フェイスブックやツイッター、インスタグラムといった SNS（ソーシャル・ネットワーキング・サービス）や無料電話アプリ、インターネットによって、簡単に他の人たちとやり取りができるようになったことが挙げられます。また、「児童買春、児童ポルノに係る行為等の規制及び処罰並びに児童の保護等に関する法律」の法定刑が引きあげられたことも要因の一つであると考えられます。

（2） 児童買春、児童ポルノに係る行為等の規制及び処罰並びに児童の保護等に関する法律（児童ポルノ禁止法）について

18 歳未満の児童が児童買春や児童がポルノ被害に遭わないように、1999（平成 11）年に「児童ポルノ禁止法」が施行されました。その後、被害が増加する実情や児童の権利の擁護に関する国際的動向等に鑑みて、児童買春や児童ポルノの定義を明確にしたほか、事業者による所持、提供等の禁止に加えて性的好奇心を満たす目的の所持を禁止するとともに、罰則規定の引き上げを図るために 2014（平成 26）年に法律が改正されました。

〔児童買春の定義〕

下記の①～③にあてはまる者に対して、対償を供与又はその供与の約束し、性交等（性交もしくは性交類似行為をし、または自己の性的好奇心を満たす目的で、児童の性器等を触り、触らせること）をすることと定められています〔第 2 条 2 項〕。

① 児童（18 歳に満たない者）

② 児童に対する性交等の周旋をした者

③ 児童の保護者（親権を行う者、未成年後見人その他の者で、児童を現に監護するもの）又は児童をその支配下に置いている者

〔児童ポルノの定義〕

下記の要件に当てはまる写真や電磁的記録（電子的方式、磁気的方式等）〔第2条3項〕

①　性交や性交類似行為をしている児童の姿を描写したもの

②　児童が他人の性器を触ったり、他人が児童の性器等を触ったりしている児童の姿を描写したもので、性欲を興奮させまたは刺激するもの

③　衣服の全部または一部を着けていない児童の姿で、殊更に性的な部位が露出又は強調されているもので、性欲を興奮させ又は刺激するもの。

さらに友人関係では、裸の写真を送るよう求めたり写真を送ったりするほか、友人等の裸の写真をスマートフォン等に保存した場合には、本法によって検挙・補導されてしまうおそれがあることを理解しておく必要があります。

この法律で検挙された場合には罰則規定があり、他人に提供する目的で製造（盗撮など）した場合は、3年以下の懲役又は300万円以下の罰金が課せられます。その他の罰則規定としては、児童買春は5年以下の懲役又は300万円以下の罰金、児童買春の斡旋をした場合は5年以下の懲役又は500万円以下の罰金などと、細かく罰則規定が示されています（第4条から14条）。

（3）児童ポルノ被害に遭わないようにする

児童を被害から守るには、インターネットを使用する時におけるメリット、デメリットを説明し、家庭内でルールを決めておくこと。さらにインターネット利用時には、利用目的を明確にしてから操作することが大切になります。また、子どもを守る家族は、出会い系サイトといった有害サイトの閲覧を制限（排除）できるフィルタリング（有害サイトアクセス制限サービス）利用を積極的に利用する必要があります。

これらのルールをしっかりと守っていても、共通の趣味をもつ者同士が情報交換するウェブサイト（インターネットゲームなど）や、SNS（ソーシャル・ネットワーキング・サービス）などを利用して被害を受ける場合があります。特にインターネット上にアップされた写真は、国内外に拡散され、すべての写真を削除することは不可能になります。その為、普段から下記のような行為に注意するとともに、私たちが「被害児童を増やさない」という気持ちをもって啓蒙活動をする必要があります。

〔注意事項〕

・自分の裸をスマートフォン等で撮影しない（軽い気持ちで行うと被害が拡大する恐れがある）。

・交際相手、信用できる友達等に、自分の裸が撮影されている写真を送らない。また、面識のない者（SNSの相手等）に対しては、絶対に送らない。

・デジタル写真はコピーが容易で、インターネット上に流出すると、すべての写真を削除することは非常に困難になることを理解しておきましょう。

参考資料

警察庁　生活安全局　少年課

https://www.npa.go.jp/safetylife/syonen/no_cp/cp_measure.html

（小倉　　毅）

記 事

未来は見えますか

岡山・子どもと貧困

育て上げられるのか

第1部 社会の死角で

① シングルマザー

「ご飯はいらん」「水でええ」

いつからだろうか。長女の弥生ちゃん(6)＝仮名＝が朝食を拒むようになったのは。そのたび、シングルマザーの久美さん(33)＝同＝の心は小さく波立つ。

朝食には毎日、おにぎりかパンを用意している。弥生ちゃんは欲しくないだけだと言うが、おかずを添えてやれない食卓に「生活が苦しいことを感じ取り、受け付けなくなっているのでは」と心配する。

一家は、保育園に通う弥生ちゃん、年子の長男(4)と3人の母子家庭。岡山県南の瀬戸内海に近い自宅で、久美さんが訪問介護のパートによって生活を支える。月収は約10万円。別に5万円弱の児童扶養手当があるが、病気や不測の出費に備え、いくらかは貯金に回さねばならない。

家にはテレビがない。NHKの受信料を払う余裕がないからだ。食費は1日千円までと決め、スーパーの特売日を狙って1袋9円の麺類や見切り品をかごに詰め込む。「子どもたちが食べ物でぜいたくを言うことはない。かわいそうだが、正直、助かってもいる」

□ ■

久美さんが結婚したのは2008年10月。相手は自動車関連会社のパートの同僚だった。月収は2人合わせて50万円以上あったが、長男が生まれたころ夫の多重債務が判明する。2年余りで結婚生活にピリオドを打った。

久美さんは出産を機に専業主婦となっていたため、たちまち苦境に陥った。元夫から慰謝料や養育費は期待できない。必死で仕事を探したが、「小さい子の世話があるのに、休まずに働けるの？」と問われると、言葉を返せなかった。

離婚から3カ月後、ようやく空調機の製造会社にパート採用された。だが、2年8カ月ほど勤めたころ業績不振で解雇。昨年9月に現在の仕事が見つかるまでの1年ほどは、食いつなぐのが一番厳しく、つらい時期だったという。

国の調査によると、ひとり親家庭の貧困率は54・6％。中でも母子家庭は4割以上がパートやアルバイトといった非正規雇用で生活し、就労による年収は平均181万円にとどまる。父子家庭の半分ほどだが、久美さんの家庭はその額も下回っている。

空調機製造会社を解雇されたころ、久美さんは自らを「貧困」と意識した。生活保護を申請することも考えたが、「家族は自分の力で守る」という意地が思いとどまらせた。

□ ■

仕事、家事、育児…と日々を繰り返すのに精いっぱい。精神的にも追い詰められ、夜は薬を飲まずには眠れない。子どもが言うことを聞かなかったり、わがままを言ったりすると、良くないと分かっていても手が出ることがある。

保育園の友達から聞いたのだろう。昨年、弥生ちゃんが珍しく「英語を習いたい」と言ってきたが、とてもかなえてやれなかった。子どもは境遇を選べない。親に迷惑を掛けないよう公園で一人遊びする小さな背中を、やり切れない思いで見つめた。

来年を思うと、不安はさらに膨らむ。弥生ちゃんが小学校に進み、制服やランドセル、文房具で出費がかさむ。仕事を続けるには、学童保育も利用しなければならない。

これまで歯を食いしばってきたが、いつまで気持ちが続くか分からない。子どもたちには生活に困らない仕事に就けるよう、高校、大学へと進んでほしいが、学費と貯金の残高を考えると背中を押すこともためらわれる。

「夢や将来を諦めさせることなく、無事に育て上げられるだろうか」。ささやかな希望さえ、自信を持って語れない現実がある。

◇

12年の全国調査で子どもの貧困率が16％を超え、過去最悪を記録した。生まれ育った環境によって、暮らしや将来が左右される子どもたち。私たちはどう向き合うべきなのか。第1部は社会の片隅で苦悩する親と子の実態をルポする。

二つの小さな手を握りしめる久美さん。生活の厳しさから、将来への不安が募る

ズーム

子どもの貧困率　経済協力開発機構（OECD）の基準に基づき、平均的な可処分所得（手取り収入）の半分を貧困線とし、それを下回る世帯の18歳未満の割合を示す。厚生労働省調査では、2012年の貧困線は122万円。子どもの貧困率は16・3％だった。都道府県別のデータは算出していない。

出典：2015年8月4日山陽新聞朝刊

1．言葉を調べてみましょう。

（1）格差社会が深刻な状況になるなか、「子どもの貧困」という言葉もよく使われています。新聞記事のズームで説明している「子どもの貧困率」の算出方法を理解できますか。自分の言葉で説明してみましょう。

（2）記事のなかに「児童扶養手当」とありますが、「児童手当」との違いは何でしょうか。

（3） ひとり親家庭（特に母子家庭）は、4割以上がパートやアルバイトといった非正規職員で生活しています。今後、生活の安定と向上を図るためには、どのような制度を利用すればよいと考えますか。

2. 記事を読んだ感想をまとめてみましょう。

3. 解　説

（1）子どもの貧困率

子どもの貧困率を考える前に、相対貧困率を理解する必要があります。この相対貧困率とは、国民生活基礎調査結果をOECD（経済協力開発機構）の基準に基づいて算出した数値が一定基準（貧困線）を下回ることです。また貧困線とは、等価可処分所得〔世帯の可処分所得（世帯の収入から税金・社会保険料を除いた手取り収入）を世帯人数の平方根で割って調整したもの〕が、中央値の半分以下の額をさしています。そして子どもの貧困率とは、17歳以下の子どものいる世帯全体に占める等価可処分所得が貧困線に満たない子どもの割合となります。

2012（平成24）年の等価可処分所得金額別にみた世帯員数をみると、中央値が244万円であるため、貧困線が122万円となります。また、この年の相対的貧困率は16.1%、子どもの貧困率は16.3%で6人に1人が貧困状態になります。また、ひとり親世帯に限ると54.6%の貧困率となり、非常に深刻な状態であることが分かります。

（2）児童扶養手当とは

1971（昭和46）年に制定された「児童手当法」は、次世代を担う児童の健やかな成長を資することを目的としています。その後、法改正を重ねながら2010（平成22）年に「子ども手当の支給に関する法律」、2011（平成23）年に「子ども手当の支給等に関する特別措置法」が施行されました。現在の児童手当の支給対象者の月額は、中学校修了前までの児童の養育者に対して、3歳未満1万5,000円、3歳以上小学校修了前までの第1子・2子1万円、第3子以降1万5,000円、小学校修了後から中学校修了前まで1万円で、所得制限を超える受給者は一律5,000円の支給となります。

記事のなかで紹介されていた久美さんは、月収とは別に児童扶養手当を受給していました。これは、父親または母親と生計を同じくしていない児童（18歳に到達して最初の3月31日までの児童）を監護養育している父母または養育者に支給されます。支給額は、月額で児童一人につき全額支給で4万2,330円、一部支給で4万2,320円～9,990円、第2子は5,000円、第3子は3,000円が加算支給されています。なお、2016（平成28）年12月支給分から児童2人以上のひとり親家庭の経済負担を軽減することを目的に、第2子5,000円から1万円に、第3子を3,000円から6,000円に加算の最高額を見直し支給されます。ちなみに、第2子は36年ぶり、第3子は22年ぶりに引き上げられました。なお、2017（平成29）年4月から加算額に物価スライドを適用することになっています。

（3）母子福祉資金・父子福祉資金・寡婦福祉資金（「母子及び父子並びに寡婦福祉法」）

「母子及び父子並びに寡婦福祉法」は、①離婚した女子であって現に結婚していない者、②配偶者の生死が明らかでない女子、③配偶者から遺棄されている女子、④配偶者が海外にあるためにその扶養をうけることのできない女子、⑤配偶者が精神又は身体の障害により長期にわたり、労働力を失っている女子、その他①～⑤に準じる女子であって政令で定める者が対象になります（配偶者のない男子も同様に規定されています）。

この法律のなかで各福祉資金として、①事業開始資金、②事業継続資金、③修学資金、④技能習得資金、⑤修業資金、⑥就職支度資金、⑦医療介護資金、⑧生活資金、⑨住宅資金、⑩転宅資金、⑪就学支度資金、⑫結婚資金の12種類の貸付けが可能となっています。また貸付け条件および償還方法は、貸付金の種類、連帯保証人の有無によって異なりますが、無利子または年利1.0%で、償還方法も一定の据置期間後、3年から20年となっています。

2014（平成26）年の貸付け実績をみると、母子福祉貸付金は3万7,996件（193億5,142万円）、父子福祉貸付金が344件（1億2,166万円）、寡婦福祉貸付金が929件（5億7,215万円）で、貸付金の件数および金額とも9割以上が児童の修学資金に関係しています。

4. ひとり親家庭の支援について

みなさんは、「ひとり親家庭」に対する考え方は変わりましたか、もしくは想像通りだったでしょうか。2011（平成23年）の全国母子世帯調査によると、母子世帯123.8万世帯で、父子世帯22.3万世帯となり、ひとり親世帯になった理由が母子世帯の80.8%が離婚、7.5%が死別です。父子家庭の74.3%が離婚、16.8%が死別になっています。また就労している割合は、母子家庭の80.6%（正規職員39.4%）、父子家庭の91.3%（正規職員67.2%）であるため、母子家庭のパート・アルバイト率は47.4%になります。その結果、母子家庭の母親の平均収入は223万円（うち就労収入181万円）、父子家庭の父親の平均収入は380万円（うち就労収入360万円）と、母子家庭の収入が圧倒的に少なく生活が苦しいことが理解できます。

このような生活状況では、仕事と子育てを両立しながら経済的自立を図ることができず、「子どもの貧困」も年々増加すると考えられます。そこで、国は支援施策を強化する必要があるとして、先ほど述べた児童扶養手当、母子福祉資金・父子福祉資金等の見直しを行ってきました。また、ひとり親家庭等の自立支援対策として地方公共団体が①子育て・生活支援、②就業支援、③養育費確保支援、経済的支援などの自立促進計画を策定することになっています。

いま一度、皆さんの居住地（都道府県）で策定されている「自立促進計画」を確認してみて下さい。そこから、ひとり親家庭の支援内容が確認できるとともに、皆さんに「できること」も見えてくると思います。

（小倉　毅）

第5章　児童と保育所

記　事

保育所整備追いつかず

待機児童2年連続増

厚生労働省が2日発表した認可保育所などに申し込んでも入れない待機児童の数は、今年4月1日時点で2万3553人（前年比386人増）と2年連続の増加だった。一方、保育所などに入れなくても待機児童に数えない「隠れ待機児童」数は、その3倍近い6万7354人（前年比8293人増）にも上った。共働き世帯の増加で、都市部を中心に保育所の利用希望者は急増しており、施設整備が追いついていない状況だ。【堀井恵里子、細川貴代】

待機児童の多い自治体では、政府が掲げる「2017年度末までに待機児童ゼロ」の実現に向け、受け入れ枠の拡大のための試行錯誤が続いている。

今春の待機児童数が136人と前年の3倍となった東京都杉並区。4月に「すぎなみ保育緊急事態宣言」を発表し、5月には区の公園など11カ所に保育施設を整備する計画を発表した。しかし、建設工事には着手したものの、地元住民からは

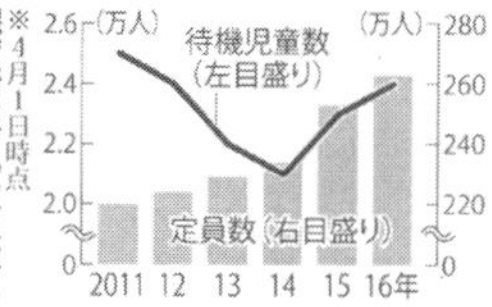

保育所などの定員数と待機児童数の推移
※4月1日時点

共働き増　都市部で希望者急増

「他の場所があるだろう」などと反対の声も根強い。用地確保が難しい都心部では、保育所整備は早急には進まない。

栃木県小山市（待機児童27人）の公立保育所では、1歳児3人に対し保育士1人という、手厚い独自基準を設けていた。しかし政府が3月、緊急対策として一時的に保育士配置基準の緩和を求めたため、国が定める最低基準(6人に対し1人)まで切り下げた。担当者は「基準を緩和せずに済む方が良いが、待機児童とのバランスを考えた」と苦渋の決断だとほのめかす。

東京都練馬区（待機児童166人）では、国が最大19人としている小規模保育所の定員を22人まで認めたことを受け、区内18カ所のうち、面積に余裕がある8カ所で定員拡大を予定する。少人数の良さをいかした保育の趣旨と矛盾する格好で対策が進む。

厚労省は追加対策として保育士確保のための基本給の引き上げや、保育所設置を支援するコーディネーター配置のための予算案を来年度の概算要求に盛り込んだ。一方、認可保育所に入れなくても▽保護者が育児休業中▽特定の保育所のみを希望▽保護者が求職活動を休止――などに該当する子を待機児童とするかは自治体の判断に委ねられ、多くは「隠れ待機児童」となっている。厚労省は年度内に待機児童の定義を見直す予定だが、見直しで待機児童数が膨らみ、さらに対策が必要になる可能性もある。

学童も最多　1万5839人

全国学童保育連絡協議会は2日、学童保育（放課後児童クラブ）を利用する児童数（5月1日現在）が107万6571人（前年比5万9142人増）になったと発表した。実施箇所は2万7638カ所（同2097カ所増）、把握できた待機児童数は1万5839人(同306人増)で、いずれも過去最多となり増加傾向は続いている。

調査は全国の1741市町村から回収。原則小学3年生以下だった対象児童は、昨年4月から6年生までに拡大され、4年生（同15・1%増）、5年生（同22・8%増）の増え方が目立つ。

1カ所の児童数は、適切な育成支援が確保できるように国の運営指針で「おおむね40人以下」とされるが、「特に大規模」な71人以上での実施が1300カ所以上残る。「騒々しくて子どもたちが落ち着けず（心理的にも）深刻な影響を与えている」という。

学童保育の待機児童の把握方法は統一基準がなく、協議会は潜在的にはさらに多くの待機児童がいると見ている。政府は2019年度末までに約30万人分の学童保育を新たに整備し、計約120万人分を提供する計画。【大和田香織】

出典：2016年9月3日毎日新聞

1．調べてみましょう。

（1）あなたの住む市区町村の待機児童の状況について調べてみましょう。

（2）保育施設や保育事業について「国が定める最低基準」とはどのようなものでしょうか。
調べてみましょう。

（３）満３歳未満児を対象とした保育サービスにはどのようなものがあるか調べてみましょう。

2. この記事を読んだ感想をまとめてみましょう。

3. 解　説

（1） 待機児童の定義について

国は、厚生労働省保育課長通知「保育所等利用待機児童数調査について」（雇児保発0426第3号、2016（平成28）年4月26日）において、待機児童を、「調査日時点において、保育の必要性の認定（2号又は3号）がされ、特定教育・保育施設（認定こども園の幼稚園機能部分及び幼稚園を除く。以下同じ。）又は特定地域型保育事業の利用申込がされているが、利用していないもの」と定義していました[1)]。

これには次のような注がつけられていました。少し長いですが、目を通してください。

（注1）保護者が求職活動中の場合については、待機児童に含めることとするが、調査日時点において、求職活動を休止していることの確認ができる場合には、本調査の待機児童数には含めないこと。

（注2）広域利用の希望があるが、利用できない場合には、利用申込者が居住する市町村の方で待機児童としてカウントすること。

（注3）付近に特定教育・保育施設又は特定地域型保育事業がない等やむを得ない事由により、特定教育・保育施設又は特定地域型保育事業以外の場で適切な保育を行うために実施している、

① 国庫事業による認可化移行運営費支援事業及び幼稚園における長時間預かり保育運営費支援事業で保育されている児童

② 地方公共団体における単独保育施策（いわゆる保育室・家庭的保育事業に類するもの）において保育されている児童

③ 特定教育・保育施設として確認を受けた幼稚園又は確認を受けていないが私学助成、就園奨励費補助の対象となる幼稚園であって一時預かり事業（幼稚園型）又は預かり保育の補助を受けている幼稚園を利用している児童

④ 企業主導型保育事業で保育されている児童については、本調査の待機児童数には含めないこと。

（注4）いわゆる“入所保留”（一定期間入所待機のままの状態であるもの）の場合については、保護者の特定教育・保育施設又は特定地域型保育事業の利用希望を確認した上で希望がない場合には、除外することができること。

（注5）特定教育・保育施設又は特定地域型保育事業を現在利用しているが、第1希望の保育所でない等の理由により転園希望が出ている場合には、本調査の待機児童数には含めないこと。

（注6）産休・育休明けの利用希望として事前に利用申込が出ているような、利用予約（利用希望日が調査日よりも後のもの）の場合には、調査日時点においては、待機児童数には含めないこと。

（注7）他に利用可能な特定教育・保育施設又は特定地域型保育事業等があるにも関わらず、特定の保育所等を希望し、保護者の私的な理由により待機している場合には待機児童数には含めないこと。

※他に利用可能な特定教育・保育施設又は特定地域型保育事業等とは、

⑴ 開所時間が保護者の需要に応えている。（例えば、希望の保育所と開所時間に差がない

など）

(2) 立地条件が登園するのに無理がない。（例えば、通常の交通手段により、自宅から20～30分未満で登園が可能など）

(3) 特定教育・保育施設又は特定地域型保育事業以外の場で適切な保育を行うために実施している、国庫補助事業による認可化移行運営費支援事業及び幼稚園における長時間預かり保育運営費支援事業の対象となっている施設

(4) 地方公共団体における単独保育施策（いわゆる保育室・家庭的保育事業に類するもの）の対象となっており、市町村子ども・子育て支援事業計画の提供体制確保に規定されている施設（保護者の保育ニーズに対応していることが利用者支援事業等の実施により確認できている場合）

（注8）保護者が育児休業中の場合については、待機児童数に含めないことができること。その場合においても、市町村が育児休業を延長した者及び育児休業を切り上げて復職したい者等のニーズを適切に把握し、引き続き利用調整を行うこと。

この注を、どのように解釈するか、たとえば、注1の「求職活動中」をどう捉えるか、あるいは注7の「利用可能な特定教育・保育施設又は特定地域型保育事業」をどう考えるかといった点について、(2) にあるような「登園可能」な距離をどう解釈するか等、自治体ごとの待機児童数に大きな差が生じていることが指摘されていました[2)]。こうした指摘を受け、より実態に見合った定義への見直しが行われた結果、新たに出された厚生労働省雇用均等・児童家庭局保育課長通知「保育所等利用待機児童数調査について」(雇児保発0331第6号、2017（平成29）年3月31日）では、待機児童を、「調査日時点において、保育の必要性の認定（2号又は3号）がされ、特定教育・保育施設（認定こども園の幼稚園機能部分及び幼稚園を除く。）又は特定地域型保育事業（以下「保育所等」という）の利用申込がされているが、利用していない者」としています。どのような点が見直されたのか、比較し、確認してみてください。

（2） 国が定める「最低基準」とは

国が定める最低基準には、たとえば保育所については、「児童福祉施設の設備及び運営に関する基準」が、家庭的保育・小規模保育事業については「家庭的保育事業等の設備及び運営に関する基準」があります。これらを基準として、各自治体がそれぞれの実情に応じた形でそれぞれの基準を定めることになっています。

自治体によっては、国の基準を上回る内容を定めているところもありますが、厚生労働省は、2016（平成28）年3月28日、「待機児童解消に向けて緊急に対応する施策について」を発表し、その中で、人員配置や面積基準において、国の最低基準を上回る基準を設定している市区町村に対し、一人でも多くの子どもを受け入れるよう要請することなどを含む規制の弾力化を打ち出しました。こうした規制緩和の動きに対して、「保育定員の確保と同じく、保育の水準の維持も重要であると考えますので、区基準は堅持していきます」（杉並区待機児童解消緊急対策本部）という意見も出されています。

多様な保育事業が用意されるようになりましたが、数だけでなく、安心して子どもを預けることのできる環境・保育水準にある保育施設を提供できる取り組みが求められているといえます。

（3） 満3歳未満児を対象とした保育サービスについて

「保育所等関連状況取りまとめ（2015（平成27）年4月1日）」では、待機児童を年齢別に見ると、低年齢児（0～2歳）の割合が85.9%を占め、特に1・2歳児が多い（71.9%）ことが明らかにされています。こうした満3歳に満たない子どもたちを対象とする保育サービスには、特定教育・保育施設である認可保育所（保育所型認定こども園の保育所部分を含む）、幼保連携型認定こども園の他、特定地域型保育事業として位置づけられる小規模保育事業、家庭的保育事業、居宅訪問型保育事業、事業所内保育事業（企業主導型保育事業）等が挙げられます。

認可保育施設とは、都道府県、政令指定都市、中核市が、国の示した施設設備や職員配置等に関する最低基準をふまえ制定した条例に基づき、審査・認可した保育施設です。2015（平成27）年度からの子ども・子育て支援新制度開始に伴い、児童福祉施設の中に幼保連携型認定こども園が加わり、「認可」の枠内に、家庭的保育事業や小規模保育事業等も組み込まれるようになりました。

それぞれの特徴や、課題等についてもさらに詳しく調べてみてください。

注

1） 全国保育団体連絡会・保育研究所編『保育白書2016』p.112所収。

2） 猪熊弘子『「子育て」という政治　少子化なのになぜ待機児童が生まれるのか？』角川新書、2014年、pp.26-29.

（村田　恵子）

記　事

保育士不足　教諭雇用を了承

来年度　有識者検討会「時限的に」

　厚生労働省は4日、来年度から実施する保育士不足の緊急対策をまとめた。小学校や幼稚園の教諭らを保育所で雇えるようになる。4日の有識者検討会で了承されたが、委員からは「保育の質を確保する観点から時限的な対応にとどめるべきだ」との注文もついた。

　保育所が小学校や幼稚園の教諭、養護教諭を雇う場合は、預かる子どもの年齢や人数に応じて決められている保育士の配置基準の3分の1までの範囲に限る。

　子どもを長時間預かるために基準を上回って配置する保育士は、子育て支援員の研修修了者や家庭的保育の経験者でも可能にする。子どもの数が少なくなる朝と夕方に限って今年度から認めていた保育士の配置基準の緩和も継続する。

　今回の緊急対策に保育の質を懸念する声もあり、検討会座長の駒村康平・慶応大教授は「本来は専門職の保育士が担うべきで、これを機に規制緩和を進めるのではなく、実態を見ながら元来の基準に戻すように」と釘を刺した。また、保育士確保の抜本的な対策として、処遇改善を急ぐよう求めた。

（伊藤舞虹）

出典：2015年12月5日朝日新聞

1．調べたり考えてみましょう。

（1）「子育て支援員」とはどのような資格でしょうか。調べてみましょう。また、記事で示されているような保育士の配置基準の緩和がもたらす影響について、考えてみましょう。

（2）記事に示されているような対応が必要となった保育士不足の原因について考えてみましょう。

2．この記事を読み、また（1）、（2）に取り組んだことをふまえて、感じたことをまとめましょう。

3. 解　説

（1） 子育て支援員

「子育て支援員」とは、2015（平成 27）年度に示された「子育て支援員研修事業実施要綱」において、都道府県または市町村により実施される基本研修および専門研修の全科目を修了し、「子育て支援員研修修了証書」の交付を受けたことにより、子育て支援員として子育て支援分野の各事業等に従事する上で必要な知識や技術等を修得したと認められる者と定義されています[1)]。

雇用均等・児童家庭局が実施した「子育て支援員（仮称）の研修制度に関する検討会」によれば、「子ども・子育て支援新制度の実施や社会的養護の充実に伴い、小規模保育、家庭的保育、地域子育て支援拠点事業、放課後児童クラブ、社会的養護等、子ども・子育て支援に関わる分野において、「保育士等の資格を有しない者が担うことが出来る事業も拡充する」ことになるため、「育児経験や職業経験など多様な経験を有し、保育や子育て支援の仕事に関心を持ち、保育や子育て支援の各事業等に従事することを希望する地域の人材に協力していただくとともに、これら人材の資質の向上が極めて重要な課題であることから、これらの担い手を『子育て支援員』として」研修を実施することになったと説明されています[2)]。研修は、希望分野にかかわらず共通して修めなければならない基本研修と、受講者が従事したいと考える事業別に分かれ、その特性に応じた内容について学ぶ専門研修から成っています。国家資格である保育士資格の取得よりハードルが低いことから、補助的職員として位置づけられている事業分野もありますが、保育従事者として保育士らと同様の仕事を行うことが認められている事業もあります。

保育所については、国の定める最低基準である「児童福祉施設の設備及び運営に関する基準」において、保育を担当する職員としては保育士が定められていますが、そこに、保育士に代わる職員として、子育て支援員、あるいは小学校教諭、幼稚園教諭、養護教諭等を充てることが出来るようにする、という規制緩和の方針が示されたということです。

確かに、人数として足りない部分が、（保育士確保よりは比較的簡単に人材を確保出来るという意味で）速やかに補われるという点で、職員不足やそれによる保育士の負担軽減に直結する効果を持つかもしれません。しかし一方で、保育士の専門性とは、その他の資格でも代替可能な、さほど高いレベルにはないものだということを社会的に認めさせてしまうことになる恐れはないでしょうか。また、子どもたちにとっては、保育の専門性を十分に身につけているとはいえない職員が、その職務に就くということは、保育士が行うのと同等の保育・支援が受けられなくなることを意味します。

この問題について話し合った検討会（「保育士等確保対策検討会」）の報告書でも、今回の措置が、あくまで「待機児童を解消し、受け皿拡大が一段落するまでの緊急的・時限的な対応」であることが強調されていますが、皆さんも様々な角度から、考えてみていただきたいと思います。

（2） 保育士不足の背景

厚生労働省が 2013（平成 25）年 10 月に公表した「保育を支える保育士の確保に向けた総合的取組」には、職業安定局が実施した、「保育士資格を有しながら保育士としての就職を希望しない求職者に対する意識調査」の結果が紹介されています。そこでは、勤務経験の有無に関わらず「保育士としての就業を期待しない理由」で最も多いのは、「賃金が希望と合わない（47.5%）」であり、「他職種への興味（43.1%）」「責任の重さ・事故への不安（40.0%）」「自身の健康・体力への不安（39.1%）」がこれに次いでいること、また、「賃金が希望と合わない」とする者は併せて

「休暇が少ない・休暇がとりにくい」を挙げる割合が高くなっている（49.7%（全体37.0%））ことなどが紹介されています。

先の、「保育士等確保対策検討会」に提出された資料（第1回保育士等確保対策検討会、資料4「保育士等に関する現状」2015（平成27）年11月9日）では、東京都の保育士の実態調査の結果から、「保育士における現在の職場の改善希望状況」として、「給与・賞与等の改善」が59.0%で約6割にのぼり圧倒的に高いこと、次いで「職員数の増員」（40.4%）、「事務・雑務の軽減」（34.9%）、「未消化（有給等）休暇の改善」（31.5%）と、労働条件や職場への不満の高さが見られることを指摘しています。こうした待遇の低さが、保育士不足に影響していることは明らかであると考えられます。

こうした状況を改善していくことが早急に求められていますが、保育士不足を改善することは、同時に子どもにとっての保育環境の充実を意味するものでなければならないはずです。このことを念頭においた対応策が求められているといえます。

注

1） 雇用均等・児童家庭局長通知「子育て支援員研修事業の実施について」（雇児発0521第18号）、2015（平成27）年5月21日。

2） 子育て支援員（仮称）研修制度に関する検討会「子育て支援員研修科目の取りまとめにあたって」2015（平成27）年1月23日。

（村田　恵子）

第6章 児童福祉の機関

記 事

虐待防止 市区町村の体制強化

子どもを守り支える―児童福祉法改正㊤

児童福祉法が5月に12年ぶりに改正され、急増する児童虐待への対応が強化されることになりました。東京23区による児童相談所（児相）の設置を認めることが目玉ですが、市区町村の体制強化も盛り込まれました。一方、議論となっていた支援対象年齢の引き上げは見送られました。今後の課題について、2回にわたって探ります。

拠点作り「兆し」つかむ

東京都の23区や市などが設置する子ども家庭支援センター。18歳未満の子や子育て家庭の相談拠点で、虐待対応も担う。

「産後うつの傾向が強く、ネグレクト（育児放棄）の可能性がある母親がいる」

港区のセンターに今年初め、区内で新生児訪問を担当する助産師からこんな連絡が入った。後日、センターの職員と保健師がこの親子の家庭を訪問。母親が知り合いがいないと悩みを打ち明けると、「子どもと一緒に過ごせる『子育てひろば』に行ってみては」と支援制度を紹介し、親子は利用するようになった。

今回の法改正による市区町村の虐待対応体制の強化で、中核となるのがこうした支援拠点作りに努めることを求めた規定だ。厚生労働省は改正議論を担った有識者会議でモデルケースとしてこの子ども家庭支援センターを示した。

センターが15年度に新たに受けた相談926件の半分以上が虐待。継続支援が必要な場合は家庭に関係する医療機関や学校、保育園、保健師などで会議を開き、対応を決める。在宅で支援する場合はセンターが対応し、子の一時保護が必要と判断したら管轄の児相に伝え、保護するかどうかは児相が決める。保志幸子センター所長は「身近な自治体が関わることで関係機関と情報共有しやすい」と話す。

改正法で23区もそれぞれ児相を設置できるようになり、文京区の前センター長の鈴木秀洋日大准教授（行政法）は「虐待の恐れのある親子の状況は刻一刻と変わる。区が児相の権限をもてることで地域資源を活用してより迅速に対応でき、子どもの命を救うことにつながる」と期待する。

また、大半の市区町村には「要保護児童対策地域協議会（要対協）」が設置されている。児相と自治体だけでなく警察や保育所、医療機関といった関係機関が連携。「虐待の兆し」をつかんで早期対応を目指す。この協議会を調整する自治体の担当部署への児童福祉司ら専門職の配置と厚労省の定める研修受講が、努力義務から義務に変わる。

改正児童福祉法で強化された市区町村の役割

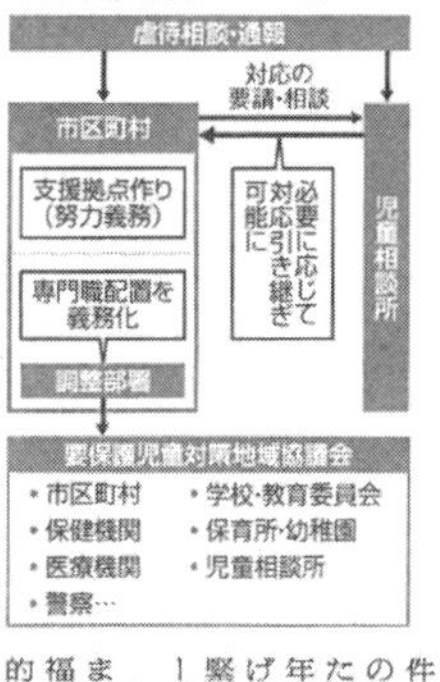

対応追いつかぬ現状

市区町村の機能を強化するのは、児相が手いっぱいになっているためだ。14年度に対応した虐待件数は約8万9千件で、14年間で5倍に。今回の改正では児相が通告を受けたケースを、内容に応じて来年4月から市区町村に引き継げるようになった。児相には緊急保護など専門性が高いケースを中心に担ってもらう。

ただ、市区町村も状況はあまり変わらない。04年の児童福祉法改正で虐待相談は一義的に市区町村が担うと明記され、負担が増加。14年度の虐待相談の対応件数は約8万8千件で9年間で倍増した。

専門職の不足も指摘されている。ある都市部の児相職員は「市区町村によって対応差が激しい」とし、「対応が分からない」と相談を丸投げする自治体もあるという。

要対協も十分に機能していないところがある。1月に埼玉県狭山市で3歳女児が顔のやけどを放置されて死亡したとされる事件。女児は乳幼児健診を受けず、保育園はあまり通わず2カ月でやめた。これらは国の死亡事例検証報告で虐待を懸念するサインとされているが、保健センター、保育所が入る要対協に女児の情報は上がっていなかった。

政府調査では、要対協が対応する児童で親の養育が難しいケースは12年に1カ所平均で約70件あった。日本看護協会の中板育美常任理事は「気になることがあっても現場が対応数を抑えようと軽く判断し、重大なサインを見逃すケースが多い」と指摘する。

専門職配置「財政措置を」

調整部署への専門職員の配置義務はこうした状況の改善も狙いだが、自治体が財政難で職員数を減らす傾向にある中、ある自治体担当者は「財政措置などの仕組みがないと難しい」。政府は4月、児相についての改正内容を後押しする「強化プラン」をまとめ、児童福祉司らの増員や弁護士配置の推進などの対策を示した。ただ、市区町村向けの具体的なプランはなく、「今後の検討課題」（厚労省の担当者）という。

日本社会事業大の宮島清教授（児童福祉）は「市区町村こそ虐待対応の最前線。常に危険を意識しながら、そこに暮らす親子に寄り添うことを法は求めており、保健、医療、保育、住宅など様々な領域との協働が前提になる。支援拠点は、それができる厚い職員体制と高い専門性がなければ機能しない。政府の積極的な財政支援が不可欠だ」と話す。（帯金真弓、畑山敦子）

■今回の児童福祉法改正の主なポイント

○今年10月に施行

- 児童相談所（児相）に弁護士を配置かそれに準ずる措置を講ずるほか、児童心理司や医師か保健師などを配置
- 児相や市区町村から虐待されている児童の情報を求められた場合、医療機関や学校なども提供可能に

○来年4月に施行

- 東京23区が児童相談所を設置可能に
- 児相から市区町村へ事案を引き継ぎ可能に
- 要保護児童対策地域協議会を調整する市区町村担当部署に専門職配置を義務化
- 市区町村に支援拠点作りの努力義務
- 自立援助ホームの入所対象年齢を20歳未満から就学者は22歳年度末まで拡大

出典：2016年7月25日朝日新聞

1．記事内の言葉や内容について調べましょう。

（1） 支援体制における児童相談所と市町村および都道府県の役割の分担について調べてみましょう。

（2） 今回の「児童福祉法」改正において、「市区町村の体制強化」された点について調べましょう。

（3） あなたの住んでいる自治体の「要保護児童対策地域協議会」の構成団体について調べてみましょう。

2. この記事を読んだ感想をまとめてみましょう。

3. 解　説

一人ひとりの「子どもを守り支える」ためには、「家庭」が支えられていることが必要です。「家庭」が安全・安心であるためには、「地域」の安全・安心が図られていなければなりません。そのためには、住民主体の活動とともに、公的な施策と支援体制が地域で展開される必要があります。ですから、児童家庭福祉の支援体制とは、行政機関と関連機関、児童福祉関連施設が連携し合い、市町村ごとに要保護児童対策地域協議会が組織化されることによって、支援が必要な子どもと家庭に対して支援が提供されています。要保護児童対策地域協議会とは、要保護児童の適切な保護を図るため、関係機関等により構成され、要保護児童およびその保護者に関する情報等の交換や、要保護児童等に対する支援内容の協議を行うもので、地方公共団体が設置します。

行政機関による児童家庭福祉行政は、市町村レベル、都道府県・指定都市レベル、国レベル、の3段階によって、その役割が整理されています。特に2004（平成16）年の「児童福祉法」改正では、市町村が「市町村業務」として、児童家庭相談に応じることが法律上明確化されました。「児童相談所運営指針」（厚生労働省雇用均等・児童家庭局長通知雇児発0929第1号平成28年9月29日）では、市町村は「基礎的な地方公共団体として、子どもの身近な場所における子どもの福祉に関する支援等に係る業務を適切に行うこと」とされ、具体的には子ども及び妊産婦の福祉に関し、「①　必要な実情の把握、②　必要な情報の提供、③　家庭その他からの相談に応ずること並びに必要な調査及び指導を行うこと、④　①～③に掲げるもののほか、家庭その他につき、必要な支援を行うこと」とされています（下線部は改正前指針からの追加・変更箇所、以下同様）。

また、都道府県は、これら市町村の業務の実施に関し、「①市町村相互間の連絡調整、市町村に対する情報の提供、その他必要な援助を行うこと等、②子ども及び妊産婦の福祉に関する業務として、ア　各市町村の区域を超えた広域的な見地から、実情の把握に努めること、イ　子どもに関する家庭その他からの相談のうち、専門的な知識及び技術を必要とするものに応ずること、ウ　子ども及びその家庭につき、必要な調査並びに医学的、心理学的、教育学的、社会学的及び精神保健上の判定を行うこと、エ　子ども及びその保護者につき、ウの調査又は判定に基づいて心理又は子どもの健康及び心身の発達に関する専門的な知識及び技術を必要とする指導その他必要な指導を行うこと、オ　子どもの一時保護を行うこと、の5項目と、③子ども及び妊産婦の福祉に関し、広域的な対応が必要な業務並びに家庭その他につき専門的な知識及び技術を必要とする支援を行うこと」と規定されています。都道府県の実際的な施策の方向づけは、都道府県行政の担当者だけで決められるものではなく、各方面の専門家の意見を基に適切な施策が図られるよう、児童福祉審議会が設置されています。国は、児童家庭福祉行政全般の企画調整、監査指導、予算措置などの中枢的機能を担い、厚生労働省雇用均等・児童家庭局が担当局となります。

具体的支援において中心的な行政機関となるのは、児童相談所です。各都道府県および指定都市に設置が義務づけられ、上記の①、②のイからオおよび③までの業務を行うことになっています。

2004（平成16）年の「児童福祉法」改正では、それまでの児童相談所一極集中体制が改められ、市町村は第一義的相談窓口機能、児童相談所は市町村の後方支援、高度な専門的対応など、市町村と児童相談所の役割分担が決められました。今回の改正（2016（平成28）年）では、市町村の相談・支援機能がより強化されていて、役割分担が一層進められたものと考えられます。これは、複雑・多様化する児童家庭福祉問題、特に増え続ける児童虐待に対し、子どもの生活の身近な所での相談支援体制の強化が急がれているからです。虐待の未然の防止、虐待の早期発見・早期対応が必要とされる「場」は、子どもの生活の最前線である市町村となり、支援の拠点づくりが求められています。しかし、市町村によって対応力に差があったり、専門職配置のための財政措置の仕組みがないことなど、課題も指摘されています。

「子どもを守り支える」体制強化は、虐待対応という視点だけではなく、「地域や職場における次世代育成支援対策の推進」と絡めた改正（2008（平成20）年）、地域の自主性および自立性を高めるための改革を骨子とする「地域主権改革一括法」関連での改正（2011（平成23）年）で示されるように、地域づくりの視点が求められています。そして、保健、医療、保育、教育、住宅、貧困家庭対策など多領域との協働の視点をもつことが大切なのです。

（和田　光徳）

記　事

児童相談所

保護基準なく試行錯誤

相模原中学生自殺　国、明確な方針示さず

神奈川県の相模原市児童相談所（児相）に保護を求めていた男子中学生が自殺した問題は、各地の児相にショックを広げている。「家庭に介入し」「子供を守り」「親を指導・支援する」。全てが児相に求められ、権限と責任は大きくなる一方、各業務に国の明確な運用基準はなく、職員たちは試行錯誤している。

今回のケースで、相模原市児相は2013年秋、学校からの通報で生徒への虐待を把握した。生徒と共に両親を通所させ、暴行をやめるよう指導を続けたが、約1年後、両親が指導内容に反発し、通所が途絶えた。母親は「子育ての悩みをわかってもらえなかった。児相に通うほど親子関係は悪化した」と訴えたという。

「保護してほしい」と繰り返し訴えた生徒が自殺を図ったのは、翌月だった。

厚生労働省は子供の安全のため、強制的に親から引き離す職権保護を積極運用するよう指針で求めているが、どんな場合に保護するかは現場に任されている。

ある児相幹部は「いずれ親元にかえす必要もあり、保護の決断は常に難しいが、相模原のケースは、子供が自ら保護を求めた異常事態で、対応が消極的すぎた」と指摘。その上で、「親の悩みを共有し、一緒に改善していく姿勢が職員にあれば、こんな結末にならなかったはずで残念」と話す。

「悩みを共有する」手法は近年、注目されつつある。実際、さいたま市児相などでは、豪州発祥の支援プログラム「サインズ・オブ・セイフティー」を導入。職員が家族と共に問題解決に取り組み、保護者と対立していたケースで関係が改善し、職員の連携が向上する効果も出ているという。

また、同じ担当者が子供の保護と親への指導・支援をするのは困難だとの指摘もあり、担当を分ける児相も少なくない。だが、虐待対策と調査指導を別にしていた千葉市児相は、4月から両班を統合する。担当者は「どんなやり方がいいのか探り続けている」と話す。

出典：2016年3月24日読売新聞朝刊

1．記事内の言葉や内容について調べましょう。

（1）「職権保護」について調べてみましょう。

（2）「同じ担当者が子供の保護と親への指導・支援をするのは困難」とありますが、どんな困難が考えられるでしょうか。

（3）「サインズ・オブ・セイフティー・アプローチ」について調べてみましょう。

2. この記事を読んだ感想をまとめてみましょう。

3. 解　説

児童相談所は、子どものおかれている環境が、単に生命の危険にとどまらず、現在の環境におくことが子どものウェルビーイング（子どもの権利の尊重・自己実現）にとって明らかに看過できないと判断されるとき、「児童福祉法」第33条の規定に基づき、一時保護を行うことができます。一時保護の第一義的目的は、子どもの生命の安全を確保することです。「児童相談所運営指針」第5章第1節1において「一時保護を行う必要がある場合」とは、

（1）緊急保護

ア　棄児、迷子、家出した子ども等現に適当な保護者又は宿所がないために緊急にその子どもを保護する必要がある場合

イ　虐待、放任等の理由によりその子どもを家庭から一時引き離す必要がある場合

ウ　子どもの行動が自己又は他人の生命、身体、財産に危害を及ぼし若しくはそのおそれがある場合

（2）行動観察

適切かつ具体的な援助指針を定めるために、一時保護による十分な行動観察、生活指導等を行う必要がある場合

（3）短期入所指導

短期間の心理療法、カウンセリング、生活指導等が有効であると判断される場合であって、地理的に遠隔又は子どもの性格、環境等の条件により、他の方法による援助が困難又は不適当であると判断される場合

と規定されています。これまでは、一時保護のための要件は示されていても、そもそも一時保護を何のために実施するのか、という大目的が明示はされていませんでしたが、今回の「児童福祉法」改正（2016（平成28）年）では、「児童の安全を迅速に確保し適切な保護を図るため、又は児童の心身の状況、その置かれている環境その他の状況を把握するため」と明示されました（法第33条第1項）。記事の事件を受けて、厚労省は、職権による一時保護の根拠となる「一時保護の強行性」について、大きな変更を行っています。これまで一時保護を実施する場合には、「原則として、子どもや保護者の同意を得て行う必要がある」と規定され、同意が得られない場合の一時保護（職権保護）は、あくまで「例外的に認められる」ものとされていました。今回の改正では、「当該同意を得なくても一時保護を行うことができる。これは、子どもの安全を迅速に確保し適切な保護を図る必要があることや、一時保護が終局的な援助を行うまでの短期間のものであること等から認められているものである。特に児童虐待対応においては、対応が後手に回ることで、子どもの生命に危険が及ぶ可能性があることから、保護者や子どもの同意がなくとも、子どもの安全の確保等が必要な場面であれば、一時保護を躊躇なく行うべきである」（前出「児童相談所運営指針」第5章第1節3（1））と、例外的な取り扱いではなく、これまでより一歩踏み込んで、職権による一時保護を活用することをすすめています。今回の改正により、児童相談所は、職権による一時保護を、保護者の同意なく実施しやすくなったといえますが、一時保護はあくまで行政処分のため、処分に対する不服申立の権利が、子どもおよび親権者に発生します。そのため児童相談所には、親権をもつ保護者に処分を通知する義務が生じるのです。職権保護実施後、告知を含め、一時保護不同意の保護者との「話し合い」は、保護基準が明確ではないため、感情的な困難が容易に予想されます。一方で、一時保護された子どもも、「親と離れたかったのではなく、親に叩かないようにしてほしかっただけ」と、保護者（親）と一緒にいることを望む

子どももいます。現在の体制では、同じ担当者が子どもの保護と、親への指導・家庭復帰などの支援を同時に行わなければならない場合があります。その場合、児童相談所の担当者は、保護者、子ども双方の主張や感情、相談所としての判断など種々の間に立つことになり、利害が対立しやすく、支援の困難性が指摘されています。

そのような、利害が対立するケースや、援助を受けることに非自発的なケースに対して、子どもの安全（子どもに起きた危害が再発しないための仕組みづくり）を実現することを目的とした、ソーシャルワー クの考え方である「サインズ・オブ・セイフティー・アプローチ（SoSA)」が注目されています。サインズ・オブ・セイフティー・アプローチ（SoSA）とは、どんな家族でも必ず安全性の側面を持っている事に注目し、ストレングス視点に立ちながら、解決の協働構築を図るアプローチです。

しかし、こうした児童相談所の担当者と保護者や子どもとの関係性の改善や、解決への思考の枠組みを構築していくだけでは、子どもの生命の安全すべてが確保される訳ではなく、職権保護基準の曖昧さは残ります。厚労省は、一時保護の必要性を、支援の利害関係者ではない中立的な家庭裁判所が審査する方向性を打ち出しました。改正「児童福祉法」の附則第２条第１項により設置された「児童虐待対応における司法関与及び特別養子縁組制度の利用促進の在り方に関する検討会」では、一時保護の司法関与の強化について、現場の意見を集約しつつ、検討が進められています。このような職権保護をめぐる「司法」と「児童福祉」の体制づくりについて、考察の視点を持つことも大切です。

（和田　光徳）

第7章　児童福祉の施設

記　事

自立援助ホームは岐路

入所女性（左）と居間で話すホーム長の恒松さん。いつでも相談できる大人の存在が安心感につながる＝東京都清瀬市の自立援助ホーム「あすなろ荘」提供

虐待を受けて親元を離れた子どもを受け入れている児童養護施設は、未就学児以外は学校に通っていることが前提になっている。高校を中退するなどした子どもを支えるのは、全国に123カ所（15年10月現在）ある自立援助ホームで、15～19歳の人が働きながら自立を目指している。今回の法改正で、就学中に限り入所条件を22歳の年度末まで引き上げた。大学などへの進学を後押しするためだ。

だが、自立援助ホームでは、働きながら進学を目指すケースはあまりない。支援の対象年齢を引き上げる必要性が議論される中で、最終的に自立援助ホームが担うことになった。これが今後の自立援助ホームのあり方にも影響を与える可能性がある。

改正案が公になった今年3月から、東京都清瀬市の「あすなろ荘」には、児童養護施設から「東京の大学に進学する子を受け入れてもらえないか」と問い合わせがいくつかあった。しかし、ホーム長の恒松大輔さん(42)はいずれも断ったという。

あすなろ荘の定員は男3人、女3人の計6人。高校に進学できずにいて、15歳を過ぎて初めて虐待が発覚した子どもなど、行き場のない子どもたちの「最後の受け皿」とも言われる。

3万円ほどの寮費を払い、自立への準備資金をためるのがルールだ。あすなろ荘では月5万円を貯金する。多くは1年～1年半で資金をためて退所する。

大学生を受け入れれば4年は入所することになるため、本当に居場所がない子どもを受け入れられなくなる懸念がある。恒松さんは「『親』という後ろ盾がなく、生きるために働かざるを得ない。それでも20歳になれば不安定な環境の中でも自立を促される人がいる一方で、学校生活を送る人ばかりが22歳までいられるのには矛盾を感じる」と話す。

厚生労働省は19年度までに自立援助ホームを190カ所に増やす方針を掲げている。

恒松さんは「進学を支えることには賛成。今後はホームが『就職型』と『就学型』に分かれるのが望ましいのではないか。将来的には一律に22歳にすべきだ」と指摘する。

出典：2016年5月29日毎日新聞

1．調べてみましょう。

（1） 児童自立支援施設について調べましょう（歴史的経緯も含む）。

（2） 第二種社会福祉事業について調べましょう（第一種社会福祉事業との違いも含む）。

（3） あなたの居住している地域にある自立援助ホームの役割について調べましょう。

2. コミュニケーション能力とは何かについて考えてみましょう。

3. 解　説

自立援助ホーム（以下、ホーム）は、児童養護施設退所後の中卒者、高校中退者で施設を退所しても生活が困難であることから、支援者と一緒に住んで支援をすることから始まっています。1997（平成9）年の児童福祉法改正により法定化されました。対象児童は、義務教育修了後、先述の児童養護施設、児童自立支援施設などを退所した15歳から18歳未満の児童、または20歳未満の者でした。しかし、2016（平成28）年の「児童福祉法」改正で就学中に限定して22歳の年度末まで引き上げられました。15歳から19歳までについては、働きながら自立を目指す施設です。そして、退所後も必要に応じて支援を行う、社会福祉法の第二種社会福祉事業であり、2009（平成21）年4月から措置費で運営されています。

入居してくる児童の8割が、発達障がいまたは精神疾患を抱え、半数が通院・受診をしていると曽我らは北海道函館市のホームを調査・報告しています[1)]。そして、中学卒業・高校中退が8割であり、経済的貧困・精神的貧困といった重複的な問題を抱えているとのことです。さらに、8～9割がパート・アルバイトといった非正規雇用という不安定な就労状況にあります。賃金も地域の最低賃金であり、先述のように通院・受診のため8時間働くことは困難であるとも報告しています。村井も同様に正規雇用は1割であり、その他は非正規雇用で男女とも熟練を必要としない仕事が大半であり、社会の底辺で「安価な労働力」として低賃金で働かされている者が多いとしています[2)] さらに、正規雇用として就職するには履歴書に記載する住所が「なぜホームなのか」を説明する能力がいります。加えて、18歳未満で就労する場合には、保護者の同意も必要です。これらのことなどを彼らが雇用主に納得できるように説明するのは、至難の技であるとも指摘しています。

たとえホームの子どもたちが働く場を得たとしても、そこには同世代の子どもたちはいません。ホーム長を務める高橋は、成育環境により、積み重ねられてしかるべき社会体験が大きく欠如していたり、42%の子どもは不登校の状態であったこともあり、簡単な読み書き計算ができず、仲間とのコミュニケーション能力が希薄であると言っています[3)]。

それでも何とか地道に自ら稼いだお金で毎月3万円の寮費を支払い、これにより住居と食事を保障されます。加えて、ひとり立ちをするために、貯金もします。しかし、公共交通機関が未整備な地方都市で正社員として自動車の運転免許の取得が必須です。曽我らは、国や自治体の責任で免許取得の助成などを考えてほしいと述べています[4)]。なお、ホームは児童福祉施設を退所した子どもたちのアフターケアとしての性格が強いですが、不登校や閉じこもりの子どもや18歳を超えた大学生などの入居も増える可能性があります。

参考文献

1）曽我千春ほか：子どもの「貧困」克服に向けての一考察：金沢星陵大学総合研究所（31）、44頁（2011年）
2）松本伊知朗ほか編著：子どもの虐待と貧困 「忘れられた子ども」のいない社会をめざして　明石書店、166頁（2010年）
3）子どもの貧困白書編集委員会編：子どもの貧困白書　明石書店、130頁（2010年）
4）前掲1）45頁

（吉川　知巳）

記　事

発言

給付型奨学金　まず一歩を

寺脇　研　京都造形芸術大学教授

所得格差や子どもの貧困が憂慮される中、「奨学金地獄」なる新語が登場するほど、高等教育段階における修学費用問題も大いに注目を集めている。

返還不能となって自己破産せざるを得ない例も多々あるといわれ、日本学生支援機構（旧・日本育英会）は「官製学生ローン」とか「取り立て屋」とか呼ばれる有り様だ。本来学生の修学を支援する制度のはずが闇金融呼ばわりなのである。

これまで貸与制に限られてきた国の奨学金制度に給付制を導入する必要性が、最近国会論議でも頻繁に取り上げられるようになってきた。その結果、馳浩文部科学相も政府部内で検討に入ることを表明している。

その通りだ。ここまで貧困が深刻になると問題を解決するためには貸与型の無利子枠を広げるだけでは到底追いつかず、給付制導入が最も効果的なのは言うまでもない。

だが、その実現には乗り越えねばならぬ極めて大きな障壁がある。

まずは財源面。厳しい国家財政にもかかわらず１９９９年に有利子枠を創設して希望者ほぼ全員を対象にするようになって以来、貸与人員は3倍以上に増加し、事業額も増加している。それゆえ回収が急務となり「取り立て」が厳しくなっている上に、給付制となると支出する一方の予算が必要なのだから財政当局の抵抗感が段違いに強まるのは当然だ。

実は民主党政権時代の２０１２年度予算で文科省は給付制を要求したが、財務省から一蹴された。

もうひとつ難しい点は、国民全体の賛同が得られるか否かである。生活保護に対してですら自己責任とか不正受給とか冷たい目が向けられる昨今、高等教育を受けることのできなかった方も多い納税者に理解してもらうのは簡単ではない。

しかし、あらゆる若者により高度な学習機会を与えることは結局のところ社会全体のためになる。

そこで、まず、ごく一部でいいから給付型を部分導入することを提案したい。具体的には、児童養護施設や里親など社会的養護の下にある高校生で卒業後進学を希望する者を対象にして風穴を開けてはどうかと思うのである。彼らは親の養育を受けることができず育ってきた。一切の自己責任も不正もない。高卒で退所した後は全くの独力で生きていかなければならないのだ。

しかも対象人数は年間約１６００人である。仮に全員に給付した場合でも年50万円として8億円程度の少額予算で実施可能となる。その上で給付型奨学金が若者の学びに何をもたらすかを検証し、社会の賛否を問うて拡大するか否かを判断すればいい。一種の社会実験だ。急速に高齢化社会へと進む中、学んで得たものを社会に還元する若者が増えることの価値を国民全体に広く認識してもらえるに違いない。

東京都世田谷区は、来年度から児童養護施設等出身者を対象に給付型奨学金を創設するという。すばらしい取り組みではあるが、この問題を自治体任せにするのでなく国全体の制度として給付型を全国に行き渡らせるべきだろう。

てらわき・けん　文部科学省大臣官房審議官などを経てＮＰＯカタリバ大学学長。映画評論家。

出典：2016年3月3日毎日新聞

1．調べてみましょう。

（1） 日本育英会（現・日本学生支援機構）の奨学金は無利子でしたが、現在のように有利子貸与奨学金も創設された経緯について解説を読んでまとめてみましょう。

（2） ブラックバイトについて、自身の経験を振り返ってみましょう。

（3） 児童養護施設について調べましょう。

2. あるべき奨学金のあり方について考えてみましょう。

3. 解　説

日本の戦後の公教育施策には、階層・貧富の差を縮小する役割が期待されていたのです。

しかし、1970年代後半から、自由主義経済路線へ舵を取るようになり、「受益者負担」「自助努力」という名のもとに、保護者に授業料や入学金などの学費の負担を求める傾向が高等教育機関において強まりました。国立大学の授業料は1975（昭和50）年は3万6,000円でしたが、2015（平成27）年には53万5,800円になり、40年間で約15倍にも上昇しました。私立大学も同様に上昇しました。しかし、山野は、教育費の高さに怒った親御さんたちのデモ行進なんて聞いたことがありませんとも述べています[1)]。

こうしたなか日本でもっともポピュラーに利用されているのが、日本学生支援機構（以下、機構）の奨学金です。昨今は、先述のように学費の上昇と反比例するように、我々の生活は苦しくなり、現在、大学生の約4割がこの機構から奨学金を借りています。これには、貸与型で利子がつかない「第一種」と、同様に貸与型で審査基準がゆるやかな有利子の「第二種」の2種類があるのです。かつては、機構の前身である日本育英会の奨学金には利子がなかったのです。しかし、1984（昭和59）年「日本育英会法」の改正により「外部資金」が導入されて、有利子枠が出来ましたが、これは補完的なもので、財政が好転した場合は廃止して「すべて無利子」にするという附帯決議がついていました。しかし、1999（平成11）年4月の「きぼう21プラン」により、この有利子枠の採用基準が緩和されて、貸与人数の拡大がなされたのです。さらに、2004（平成16）年に日本育英会は廃止され、日本学生支援機構への組織改編が行われました。これにより、奨学金は「金融事業」と位置づけられました。これにより、回収が強化されたのです。延滞が3か月になると、その情報が個人信用情報機関に登録されて、4か月になると債権回収業者による回収がなされ、延滞9か月になると、大半が支払督促という裁判所を利用した手続きが行われます。

言うまでもなく、学生は在学中はアルバイトをしており、これにより授業に出られない、試験を受けることができないなどの状態にあり、これらを大内は「ブラック企業」になぞらえて、「ブラックバイト」と指摘しています[2)]。つまり、このように在学中からも学生は努力しているにもかかわらず、最近では、返済できずに自己破産する場合も少なくないのです。この場合、本人が破産で免責されても、保証人となった高齢の親に請求が行く事態も相次いでいます。ちなみに海外では、「奨学金」は通常「給付型」を意味するのです。山本は、ヨーロッパなどでは大学などの授業料は安いか無償の国も多くあると述べています[3)]。なぜならば、社会の役に立ち、社会に貢献するために学ぶ。そして、働くということは、傍を楽にする。周囲を楽にすることであると指摘しています。つまり、給付型の奨学金の創設が若者にとってはこの意味においても良いのです。

しかし、高等教育機関を受けることができなかった納税者にこのことを理解してもらうことは簡単ではないと寺脇は述べています。さらに、この解決策として児童養護施設や里親など社会的養護の下にある高校生で進学希望者に給付型の奨学金を導入することを提案しています[4)]。大学全入時代と言われて久しいなか、彼らの高等教育機関への進学率は児童養護施設入所児では15%、里子27%であると青葉は報告しています[5)]。後者の場合の里子の場合は、里親委託が解除された18歳を過ぎても里親の個人的な援助で進学しているから、児童養護施設の子どもたちより進学率が高いのです。つまり、「児童福祉法」は高等教育を補助の対象にしていないので、この克服のためには、給付型の奨学金を寺脇の指摘のように実施することは意義深いのではないでしょうか。

参考文献

1)　山野良一：子どもの貧困　光文社新書、122 頁（2010 年）
2)　大内裕和：辞めたくても辞められない　バイトに潰される苦学生　週刊東洋経済、54 頁（2015 年）
3)　久保田貢編：ジュニアのための貧困問題入門　人として生きるために　平和文化、77 頁（2010 年）
4)　寺脇研：発言　給付型奨学金まず　一歩を　毎日新聞（朝刊）、11 頁
5)　武藤素明編者：施設・里親から巣立った子どもたちの自立　福村出版、161 ～ 163 頁（2012 年）

（吉川　知巳）

第8章　ひとり親家庭の児童

記 事

経済難家庭

子どもの居場所50万人分

政府支援策　相談窓口を一本化

政府は28日、子どもの貧困対策の一環として、経済的に厳しいひとり親家庭や多子世帯の自立支援策をまとめた。学童保育終了後の子どもを犯罪などから守り、食事も提供する地域の居場所を２０１９年度までに年間延べ50万人分整備するほか、携帯メールを活用した自治体の相談窓口の一本化を進める。

児童扶養手当など経済的支援の拡充検討や、幼児教育の段階的な無償化も盛り込んだ。

ひとり親の家庭は親が仕事などで不在がちで、行き場を失った小中学生らが街をうろついたり、ファストフード店にたむろしたりして学習習慣が身につかないなどの懸念がある。厚生労働省は16年度予算の概算要求に、自治体への補助事業費を盛り込んだ。居場所では、学生ボランティアらが勉強も指導する。

親から子どもへの「貧困の連鎖」を断ち切るため、大学生の無利子奨学金を拡充し、地域で子どもを支援する専門職スクールソーシャルワーカーを19年度までに全ての中学校区に１人配置するなど、教育支援にも力を入れる。中学生らが対象の原則無料の学習支援「地域未来塾」を早期に５千中学校区で実施する。

同日官邸で開かれた関係閣僚会合で安倍晋三首相は「子どもたちの未来は日本の未来そのものだ。根本的な問題は何か、政策が意図した効果を挙げているかを問いながら、結果を出していきたい」と述べた。

また同日、官民挙げて取り組む「子供の未来応援国民運動」の運営方針も決定。10月に民間資金を核とした基金を創設し、草の根で貧困支援を行うＮＰＯへの財政支援や、教員ＯＢらが学習支援などを行う「子供の家」（仮称）の事業費にあてる。

ズーム　**子どもの貧困**　厚生労働省の調査では、平均的な所得の半分を下回る世帯で暮らす子ども（18歳未満）の割合は２０１２年時点で16・３％と過去最悪を更新。ひとり親家庭は54・６％と特に深刻だった。政府は昨年、貧困が世代を超えて連鎖しないよう環境整備を図るため、子どもの貧困対策に必要な施策をまとめた大綱を決定した。無利子の奨学金制度の充実を図り、幼児教育の無償化を段階的に推進する。大綱は約5年ごとに見直しを検討する。

出典：2015年8月29日山陽新聞朝刊（共同通信配信）

1．言葉を調べてみましょう。

（1） ひとり親家庭とはどのような意味でしょうか。

（2） 自立支援について調べてみましょう。

（3） 経済的な支援にはどのようなものがありますか。

（4） 生活・学習支援にはどのようなものがありますか。

（5） 学校生活上の支援にはどのようなものがありますか。

2. この記事を読んだ感想をまとめてみましょう。

3. 解　説

（1） ひとり親家庭

ひとり親家庭とは、母子世帯または父子世帯のことです。ひとり親家庭の児童とは、配偶者のない保護者（母または父）のいずれかと生活する状況にある者のことです。

（2） 自立支援

2002（平成14）年3月に、厚生労働省は「母子家庭等自立支援対策大綱」を示しました。これは、ひとり親家庭への相談・情報提供体制を整備するように定めました。それとともに、①子育てや生活支援、②就労支援、③養育費の確保、④経済的支援を福祉事務所がある自治体で展開するように定めました（内閣府　2015）。①は、「必要な時に必ず利用できる保育所や放課後児童クラブ」「母子生活支援施設や住宅など自立に向けた生活の場の整備」「親の疾病等にきめ細かく対応できる子育て支援サービス」「ひとり親家庭の相互扶助活動の支援」のことです。②は、「より良い就業に向けた能力の開発」「母子家庭の母の状況に応じた就業あっせん」「所得の増大に結びつく雇用機会創出のための支援」「母子家庭等就業支援センター事業」のことです。③は、「養育費支払いについての社会的気運の醸成」「養育費についての取り決めの促進」「養育費取得のための司法手続へのアクセスの確保」のことです。④は、「母子寡婦福祉貸付金の充実」「児童扶養手当の見直し」のことです。

（3） 経済的な支援

OECD加盟国のうち、わが国の相対的貧困率は上位に位置づけられます。そのうち、ひとり親家庭の相対的貧困率は特に高いです。この状況を解決するため、2013（平成25）年6月に「子どもの貧困対策の推進に関する法律」が公布され、翌年1月に施行となりました。そこには、目的（第1条）として、「子どもの将来がその生まれ育った環境によって左右されることのないよう、貧困の状況にある子どもが健やかに育成される環境を整備するとともに、教育の機会均等を図るため、子どもの貧困対策に関し、基本理念を定め、国等の責務を明らかにし、及び子どもの貧困対策の基本となる事項を定めることにより、子どもの貧困対策を総合的に推進すること」とされています。基本理念（第2条）として、「子ども等に対する教育の支援、生活の支援、就労の支援、経済的支援等の施策を、子どもの将来がその生まれ育った環境によって左右されることのない社会を実現することを旨として講ずることにより、推進されなければならない」、また、「子どもの貧困対策は、国及び地方公共団体の関係機関相互の密接な連携の下に、関連分野における総合的な取組として行われなければならない」とされています。特に、子どもへの経済的な支援（第13条）については、「国及び地方公共団体は、各種の手当等の支給、貸付金の貸付けその他の貧困の状況にある子どもに対する経済的支援のために必要な施策を講ずるものとする」と定めています。具体的には、「遺族基礎年金・遺族厚生年金」「児童扶養手当」「母子・父子・寡婦福祉資金」「寡婦控除等」があります。

（4） 生活・学習支援

「子どもの貧困対策の推進に関する法律」第10条に「教育の支援」が明記されています。「国及び地方公共団体は、就学の援助、学資の援助、学習の支援その他の貧困の状況にある子どもの教育に関する支援のために必要な施策を講ずるものとする」です。国は、ひとり親家庭の生活向

子どもの生活・学習支援事業（居場所づくり）　生活を応援

現状と課題

○ひとり親家庭の子どもは、親との離別・死別等により精神面や経済面で不安定な状況に置かれるとともに、日頃から親と過ごす時間が限られ、家庭内でのしつけや教育等が十分に行き届きにくい。
○ひとり親家庭の子どもが抱える特有の課題に対応し、貧困の連鎖を防止する観点から、ひとり親家庭の子どもの生活向上を図ることが求められている。

対応　※平成28年度から実施

○放課後児童クラブ等の終了後に、ひとり親家庭の子どもに対し、悩み相談を行いつつ、基本的な生活習慣の習得支援・学習支援、食事の提供等を行い、ひとり親家庭の子どもの生活向上を図る自治体の取組を支援する。
○自治体から委託を受けたNPO法人等が、地域の実情に応じて、地域の学生や教員OB等のボランティア等の支援員を活用し、児童館・公民館や民家等において、事業を実施する。

※平成27年度補正予算で学習支援等を行う場所を開設するために必要な備品の購入費用等を補助。

図 8-1　ひとり親家庭の生活・学習支援事業

出所：厚生労働省雇用均等・児童家庭局家庭福祉課「ひとり親家庭等の支援について」2016 年　20 頁
http://www.mhlw.go.jp/file/06-Seisakujouhou-11900000-Koyoukintoujidoukateikyoku/0000100019.pdf〈アクセス日：2016 年 9 月 9 日〉

上事業の一貫として、子どもの生活・学習支援事業を行っています（図 8-1 参照）。

（5） 学校生活上の支援

2008（平成 20）年度より、小・中学校にスクールソーシャルワーカーが導入されました。これは、教育分野に福祉の視点からアプローチし、児童生徒の教育を受ける権利を保障するために生活に関連する支援を行う専門職です。その役割としては、「問題を抱える児童生徒が置かれた環境への働き掛け」「関係機関等とのネットワークの構築、連携・調整」「学校内におけるチーム体制の構築、支援」「保護者、教職員等に対する支援・相談・情報提供」「教職員等への研修活動」等です（文部科学省　2008）。彼らは、ひとり親家庭の児童生徒だけでなく、義務教育を受ける時期の児童生徒全てに生活のしづらさがあった場合、何が必要かを考え、福祉の視点から支援します。

参考文献

保育福祉小六法編集委員会編『保育福祉小六法　2018 年版』みらい、2018 年
内閣府『少子化社会対策白書　平成 27 年版』2015 年
文部科学省「スクールソーシャルワーカー活用事業」2008 年
http://www.mext.go.jp/b_menu/shingi/chousa/shotou/046/shiryo/08032502/003/010.htm〈アクセス日：2016 年 9 月 9 日〉

（中　　典子）

記　事

ひとり親家庭

児童扶養手当倍増

政府検討　来年度から２人目以降

政府は12日、ひとり親家庭に支給する児童扶養手当で、子どもが２人以上いる世帯への加算を来年度から増額する検討に入った。子ども２人の場合は現行の５千円を１万円に、３人以上の場合は現行の３千円ずつから６千円ずつに、それぞれ倍増させる方向で調整している。

子ども１人の場合は世帯の所得などに応じて最大月額４万２千円を支給しているが、２人目以降は支給額が大きく減るため、見直しを求める声が出ていた。財源は国と地方合わせて約３００億円（うち国費約１００億円）と見込まれ、今後の予算編成で細部を詰める。

子ども２人目の加算引き上げは１９８０年以来、３人目以降については94年以来となる。児童扶養手当の受給者はことし７月時点で約１０８万人。

政府は11月、「１億総活躍社会」の実現に向け「希望出生率１・８」に直結する緊急対策として、児童扶養手当の機能の充実を図ると明記した。

また、貧困世帯を支援するＮＰＯなどが「子ども１人の１カ月の食費にすら到底足りない」として、子ども２人以上の場合の加算引き上げを求め署名活動を行うなどしていた。

児童扶養手当は一定の所得以下の母子家庭や父子家庭が対象で、支給は原則的に子どもが18歳を迎えた年度末まで。ひとり親家庭に限らず、中学生までの子どものいる世帯に広く支給される「児童手当」とは別の制度。

出典：2015年12月13日山陽新聞朝刊（共同通信配信）

1．言葉を調べてみましょう。

（1） 児童扶養手当とは何でしょうか。

（2） 児童扶養手当の趣旨とは何でしょうか。

（3） どのような時、児童扶養手当が支給されますか。

（４）児童扶養手当が支給されない場合を調べましょう。

（５）児童扶養手当の額はいくらでしょうか。

2. この記事を読んだ感想をまとめてみましょう。

3. 解　説

（1） 児童扶養手当

児童扶養手当は、ひとり親家庭の児童の養育に対して支給される手当です。その目的は、「児童扶養手当法」（以下、法と称す）第1条に明記されています。

この法律は、父又は母と生計を同じくしていない児童が育成される家庭の生活の安定と自立の促進に寄与するため、当該児童について児童扶養手当を支給し、もつて児童の福祉の増進を図ることを目的とする。

手当は、その支給を父または母と生計が同じでない児童を対象に、家庭生活の安定と自立をもたらすために、経済的安定、福祉増進を図ること目的としています。

（2） 児童扶養手当の趣旨

児童扶養手当の趣旨は、法第2条に明記されています。

第1項　児童扶養手当は、児童の心身の健やかな成長に寄与することを趣旨として支給されるものであつて、その支給を受けた者は、これをその趣旨に従つて用いなければならない。／第2項　児童扶養手当の支給を受けた父又は母は、自ら進んでその自立を図り、家庭の生活の安定と向上に努めなければならない。／第3項　児童扶養手当の支給は、婚姻を解消した父母等が児童に対して履行すべき扶養義務の程度又は内容を変更するものではない。

法第2条は、児童の暮らしの安定と自立のために、手当を用いなければならないことを定めています。これは、児童の権利を保障するためのものです。そして、父または母が児童の最善の利益を尊重して、子育てしなければならないことを示しています。また、児童扶養手当があったとしても、父または母の扶養義務の程度に影響されないと示しています。

（3） 児童扶養手当を支給する場合

児童扶養手当を支給する場合については、次のとおりです。都道府県知事、市長と福祉事務所を管轄する町村長が次の条件にあてはまる児童を監護している父、母、それに代わる養育者を支給対象とします。

1　父母が婚姻を解消した児童
2　父または母が死亡した児童
3　父または母が政令で定める程度の障害の状態にある児童
4　父または母の生死が明らかでない児童
5　父または母が1年以上遺棄している児童
6　父または母が裁判所からのDV保護命令を受けた児童
7　父または母が1年以上拘禁されている児童
8　婚姻によらないで生まれた児童
9　棄児等で父母がいるかいないかが明らかでない児童

なお、1から9までのいずれかの該当児童を父または母が監護しない場合や該当児童の父または母がない場合で、当該父または母以外の者が当該児童を養育するときは、養育者に支給されます。

（4） 児童扶養手当を支給しない場合

児童扶養手当を支給しない場合も、法第4条で明記されています。母または養育者に対する手当は児童が下記の1から4までのいずれかに該当するとき、父に対する手当は児童が1、2、5、

6のいずれかに該当するときは、支給しないことになっています。

1　日本国内に住所を有しないとき
2　里親に委託されているとき
3　父と生計を同じくしているとき（ただし、その者が政令で定める程度の障害の状態にあるときを除く）
4　母の配偶者に養育されているとき
5　母と生計を同じくしているとき（ただし、その者が政令で定める程度の障害の状態にあるときを除く）
6　父の配偶者に養育されているとき

（5）児童扶養手当の額

ひとり親家庭に対する児童扶養手当は、2016（平成28）年8月1日より、「児童扶養手当法」の一部改正で、児童扶養手当の第2子加算額と第3子以降加算額が変更されました。

ひとり親家庭は、子育てと生計を1人で担わなければなりません。よって、生活上のさまざまな困難を抱えているといえます。特に、子どもが2人以上いるひとり親の家庭は、経済的に厳しい状況にあります。そこで、第2子加算額と第3子以降加算額が増額されることになりました。特に、経済的に厳しい状況にあるひとり親家庭の生活改善を目的としているため、家庭の所得に応じて加算額が決定されます。第2子の場合は、月額5,000円から最大で月額10,000円になりました。第3子以降の場合は、月額3,000円から最大で月額6,000円になりました。また、物価の変動に合わせて支給額が変わる「物価スライド制」を、児童扶養手当の加算額に導入しました（なお、物価スライド制とは、物の価格の上下を示す「全国消費者物価指数」に合わせて、支給額を変える仕組みです）。児童が1人の場合の手当額には、すでにこの物価スライド制を導入していますが、児童が2人以上の場合の加算額にも2017（平成29）年4月から導入することになりました。2018（平成30）年8月から「全部支給」対象者の所得限度額が上がるとともに所得における控除が拡大されました。2019年11月から、支払回数が年3回（4か月分ずつ）から年6回（2か月分ずつ）に見直されます。

表8-1　2016（平成28）年8月1日からの児童扶養手当の月額

児童が1人の場合	全部支給：42,330円
	一部支給：42,320円～9,990円（所得に応じて決定される）
児童2人目の加算額	
定額5,000円 →	全部支給：10,000円
	一部支給：9,990円～5,000円（所得に応じて決定される）
児童3人目以降の加算額（1人につき）	
定額3,000円 →	全部支給：6,000円
	一部支給：5,990円～3,000円（所得に応じて決定される）

出所：厚生労働省「児童扶養手当について」にもとづいて作成
http://www.mhlw.go.jp/bunya/kodomo/osirase/100526-1.html〈アクセス日：平成28年9月9日〉

参考文献

保育福祉小六法編集委員会編『保育福祉小六法　2018年版』みらい、2018年
厚生労働省「児童扶養手当について」
http://www.mhlw.go.jp/bunya/kodomo/osirase/100526-1.html〈アクセス日：平成30年9月27日〉

（中　典子）

第9章　子育て支援

記　事

NPO発足

放課後児童ク運営支援

放課後や長期休業中に小学生を預かる放課後児童クラブ（学童保育）の運営を支援するNPO法人「おかやま放課後児童クラブ運営機構」が発足した。昨年4月に国の運営指針が定められ、保育の質向上や安定運営が厳格に求められるようになったことを踏まえ、クラブからの運営に関する相談に乗ったり、指導員のスキルアップ研修を展開する。9日に岡山大（岡山市北区津島中）で記念式典を開き、本格始動する。（水嶋佑香）

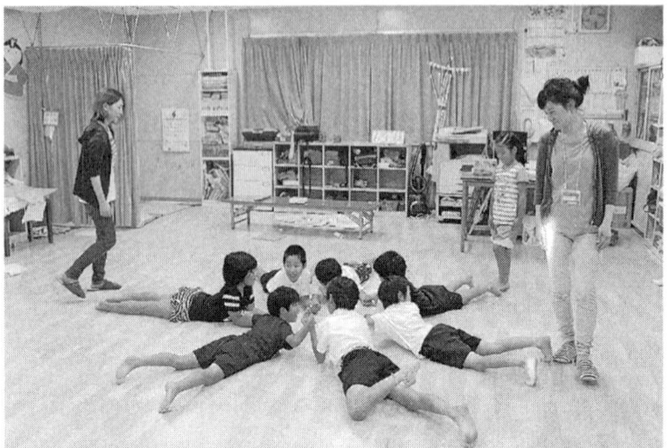

▲放課後児童クラブ「今城っ子クラブ」で遊ぶ小学生。保育の充実へ向け、NPO法人「おかやま放課後児童クラブ運営機構」への期待は大きい

「子どもたちが帰った後も夜遅くまで給与計算や保育計画の作成などに追われて大変。私たちは保育や経営の専門家ではなく、運営は綱渡り」

6月末、瀬戸内市邑久町大富の市立今城小の敷地内にある「今城っ子クラブ」。保護者らによる運営委員会の伊藤奈緒子会長が打ち明ける。機構の設立発起人の一人だ。

質向上へ相談、指導員研修

同市内の多くのクラブが同じ悩みを抱えているという。

■

県内のクラブの運営の中心を担う住民や保護者を支援するため、ベテラン指導員たちが機構を設立。公認会計士や社会保険労務士らの協力を得て会計や労務管理といった経営手法をクラブに指導するほか、教育・保育関係の大学と連携した指導員の研修会、先進的取り組みを行うクラブの見学などを実施する。将来的には、クラブのニーズに応じて運営受託も検討する。

国は昨年4月、クラブの質の向上とサービスの平準化を目的に、運営指針を初めて策定。保育対象を小学3年までから6年まで拡大して年齢に応じた柔軟な指導を求め、指導員の資格制度を導入した。災害対策のマニュアル作成や防災訓練の実施、収支計画の作成と情報公開、クラブへの要望や苦情の受付窓口の設置などを盛り込んでいる。

あす本格始動　岡山大で記念式典

機構によると、運営者が以前から指導員の採用や労務管理、会計、保育プログラム作成といった業務を一手に担っているケースが多く、指針策定後、さらに負担が増しているという。

■

9日の設立記念式典では、日本学童保育学会事務局長を務める岡山大の中山芳一助教（教育方法学）が「機構に期待すること」をテーマに講演する。

中山助教は「各クラブが指導員の労務条件を整えて充実した保育を実践することで、保育や教育を学ぶ若者が就職先として選択するようになるのが理想。そうなれば質向上に良い循環が生まれる」と期待している。

岡山市内のクラブで37年間指導員を務めている機構理事長の矢吹真子さんは「多くのクラブが手探りでやってきたのが実情。指針はクラブ全体の質を上げるチャンスなので機構が核となり、学び合いたい」と意気込む。

機構では研修会などに参加するクラブや、趣旨に賛同する会員を募っている。問い合わせは同機構（086―262―2116）。

ズーム　放課後児童クラブ　小学校の空き教室や敷地内の建物などを利用。子どもたちは宿題をしたり遊んだりして過ごす。共働き世帯の増加に伴ってクラブ数は右肩上がりで、県内には2015年度に425クラブ。その約8割は自治体が設置して地域住民や保護者が補助金で運営する公設民営形式。定員オーバーなどでクラブに入りたくても入れない「待機児童」は24クラブの194人に上っている。

出典：2016年7月8日山陽新聞朝刊

1．言葉を調べてみましょう。

（1） NPO 法人とはなにか調べてみましょう。

（2）「児童福祉法」とはなにか調べてみましょう。

（3） 放課後児童クラブとは何か調べてみましょう。

（4） 2015（平成 27）年に国が定めた「放課後児童クラブ」の運営指針を調べてみましょう。

（5） 保育プログラムとはなにか調べてみましょう。

2. この記事を読んだ感想をまとめてみましょう。

3. 解　説

（1） NPO法人とは

NPOは、「非営利活動組織」と言います。1990年代半ばの阪神大震災によって多くの命が奪われ、家屋や道路等が破壊されました。

このような状況において、様々なボランティア活動が展開されましたが、活動をするうえで組織や運営、設備、人員において諸々の障壁があり、本来の活動に対して支障が生じています。

この支障を是正するために、1998（平成10）年に「特定非営利活動促進法」を制定しました。目的として、非営利活動を行う団体に法人格を付与し、公益活動を展開するため同法人の認定制度を設け、この活動が社会貢献活動や公益の増進を図ることとしました。「特定非営利活動」とは、不特定多数のものの利益の増進に寄与するものであり、政治、宗教等の活動は対象となっていません。

具体的な活動として20の事業が規定されています。例えば、「保健、医療又は福祉の増進を図る事業」「社会教育の推進を図る活動」「まちづくりの推進を図る活動」「観光の振興を図る活動」等です。同法人の認証を行うのは原則として、都道府県、政令指定都市であり、認定NPO法人の場合は、運営、組織および事業活動が適正であって公益の増進に資する活動組織は所轄庁（都道府県知事、政令指定都市市長）が行います。

同法人の認定を受けた場合は、自治体等の委託の事業の実施や、個人、企業等の寄付を受けることができます。認定NPO法人においては寄付や収益にも税の優遇があります。

因みに、2018（平成30）年7月現在5万1,768法人、認定NPO法人は1,085存在します。

（2） 児童福祉法とは

1947（昭和22）年に「児童福祉法」が制定され、戦災孤児、浮浪児対策等を担うことを第一の目的としました。しかし、18歳未満を児童とし、「児童福祉の理念」「児童育成の責任」等を規定し、すべての児童の健康、命、生活等を保障することが謳われ、戦後においては画期的な法体系として位置づけられています。また、「保育士資格」をはじめ、児童相談所、児童福祉施設、子育て支援等の核になる内容も規定し、子育て支援においては重要な制度です。みなさんには全文を読むことを推奨します。

（3） 放課後児童クラブとは

1997（平成9）年に「児童福祉法」によって規定され、正式には「放課後児童健全育成事業」と言います。同法第6条の3第2項に同事業は、次のように規定されています。「小学校に就学している児童であって、その保護者が労働等により昼間家庭にいないものに、授業の終了後に児童厚生施設等の施設を利用して適切な遊び及び生活の場を与えて、その健全な育成を図る事業をいう」。児童厚生施設とはおもに児童館、児童遊園を指し、児童に健全な遊びを与えて、健康の増進、情緒をゆたかにすることを目的としている施設です（同法第40条）。

2014（平成26）年、文部科学省と厚生労働省の2省で「放課後子ども総合プラン」が策定され、2019（平成31）年末までに約30万人分を整備していくことが決定されました。特に学校の空き教室を利用しながら、文科省が進めている誰もが放課後過ごすことができる「放課後子ども教室」と一体的な施設を全小学校区に1万か所創設することになりました。

2017（平成29）年5月1日現在、このクラブの利用者は117万人で、待機児童は1万7,170人存在し、調査を開始した2009（平成21）年の調査以来最多となっています。

（4） 2015（平成27）年「放課後児童クラブ」の運営指針について

この「運営指針は、放課後児童健全育成事業の設備及び運営に関する基準（略）に基づき、放課後健全育成事業を行う場所（略）として、子どもの健全な育成と遊び及び生活の支援（略）の内容に関する事項及びこれに関連する事項を定める」としています。そして「放課後児童健全育成事業の運営主体は、この運営指針に規定される支援の内容等に係る基本的な事項を踏まえ、各放課後児童クラブの実態に応じて創意工夫を図り、放課後児童クラブの質の向上と機能の充実に努めなければならない」と謳っています（同運営指針の趣旨より）。

内容は第1章．総則、第2章．事業の対象となる子どもの発達、第3章．放課後児童クラブにおける育成支援の内容、第4章．放課後児童クラブの運営、第5章．学校及び地域との関係、第6章．施設及び設備、衛生管理及び安全対策、第7章．職場倫理及び事業内容の向上の7章立てになっており、放課後児童クラブの運営等における取り決めが詳細に示されています。

（5） 保育プログラムとは

保育プログラムとは、園児の1日の過ごし方のメニューをいい、例えば園に登園後、自由遊びや後片付け、戸外遊び、給食の準備、昼食、はみがき、午睡、おやつ等の園児の1日の状況を示したものです。また、1週間の行事、1年間の行事を指します。例えば、年間行事として4月花見、7月プール遊び、10月運動会、11月遠足、12月クリスマス等を園では開催しています。また、英語や食育、リトミック等の学習をプログラムに盛り込んでいる園も少なくありません。

（松井　圭三）

記　事

認定こども園や少人数サービス充実

広がる保育の選択肢

来月新制度

待機児童の解消などを目指した「子ども・子育て支援新制度」が4月から始まる。保育所と幼稚園の機能を併せた「認定こども園」のほか、0〜2歳児向けの少人数保育のサービスなどを充実。親がパートや求職中でも保育を利用できるようになり、子どもの預け先の選択肢が広がる。

一方で、都市部を中心に保育士は大幅に不足。経営面の不安などから新制度の枠組みへの移行を決めかねている施設も多く、どこまで利便性が高まるか見通せていない。

新たな制度では、市町村に「保育の必要性」の認定を申請し、認定証（3〜5歳児は2号認定、0〜2歳児は3号認定）の交付を受ける。幼稚園や認定こども園で幼児教育を受ける場合は、教育標準時間認定（1号認定）を受ける。

これまで認可保育所の利用は、保護者が昼間に仕事をしたり、病気や出産、家族の介護などの事情を抱えたりする場合に限られていた。

新制度では、市町村の裁量に委ねていた①パートや夜間の仕事をしている②求職活動中③就学中④児童虐待やドメスティックバイオレンス（DV）の恐れがある−などのケースでも利用できるようになる。

政府は「待機児童解消加速化プラン」を掲げ、2015年度は8万2千人分の保育の受け皿を確保。待機児童が多い0〜2歳児を対象とした「小規模保育」など少人数保育サービスを広げる。

17年度末までに保育士も6万9千人増やす必要がある。保育士資格がない人にも担い手になってもらうため、補助的役割として「子育て支援員」制度を新設する。

子どもの小学校入学時に、親が仕事を辞めざるを得ない「小1の壁」を解消するため、「放課後児童クラブ」（学童保育）も拡充する。

昨年7月の内閣府調査では、回答があった全国の私立幼稚園6833園のうち、15年度に認定こども園に移行するとしたのは828園にとどまった。

出典：2015年3月29日山陽新聞朝刊（共同通信配信）

1．言葉を調べてみましょう。

（1） 待機児童とはなにか調べてみましょう。

（2） 待機児童解消加速化プランとはなにか調べてみましょう。

（3） 認定こども園とはなにか調べてみましょう。

（4）「子ども・子育て支援新制度」とは何か調べてみましょう。

（5）DV（ドメスティックバイオレンス）とは何か調べてみましょう。

2. この記事を読んだ感想をまとめてみましょう。

3. 解　説

（1） 待機児童について

待機児童は、認可保育所に入所できない児童を言います。認可保育所は、「児童福祉施設の設備及び運営に関する基準」を満たしている保育所を指します。端的に言えば、国が定めた設備、保育士等の人員配置基準を満たす必要があります。認可は都道府県知事、政令指定都市市長、中核市市長が行い、認可されると国、自治体から保育所の運営費、人件費等に対して、補助金が交付されます。

そのため、子どもの保育は、認可保育所に入所を希望する保護者等が多いのです。自治体は限られた予算で保育所を増設しますが、共働き夫婦は増えているため、保育所の整備が遅れているのが現状です。2016（平成28）年4月現在、厚生労働省は、待機児童数を発表しています。これによると2万3,553人です。2年連続で、待機児童数は増加しています。因みに、2015（平成27）年に約9万5,000人の保育の受け皿が整備されましたが、入所申込者が増加したため、このような結果となりました。待機児童数が100人以上増えた自治体は10市区、一番多い自治体は東京都世田谷区の1,198人です。

また、潜在的な待機児童も増加しています。潜在的待機児童とは、希望した認可保育所に入所ができず、仕事を離職したり、無認可保育所に入所した場合等で、待機児童に含まれていない児童を指します。潜在的待機児童は6万7,354人存在します。抜本的な改革が今求められています。

（2） 待機児童解消加速化プランについて

2013（平成25）年度から待機児童解消のため、地方自治体を支援する政策です。2015（平成27）年から「子ども・子育て新制度」が施行されましたが、この制度を前段階から支援するものです。2013（平成25）年と、2014（平成26）年の2年間を「緊急集中期間」として約20万人分と2015（平成27）年から2017（平成29）年の2年間を「取組加速期間」と規定し40人分の保育所の整備を決定したのが同プランです（2015（平成27）年11月には10万人増やし、50万人と変更しました）。

同プランによれば、待機児童対策に取り組む自治体に対して、支援パッケージとして5つの施策を公表しました。①賃貸方式や国有地も活用した保育所整備（「ハコ」）、②保育を支える保育士の確保（「ヒト」）、③小規模保育事業などの新制度の先取り、④認可を目指す認可外保育施設への支援、⑤事業所内保育施設の支援です。なお、財源は消費税財源の一部や所得税、法人税の一般財源からねん出します。また、2017（平成29）年には国は「子育て安心プラン」を策定し、2020年末までに約32万人分を整備することになりました。

（3） 認定こども園とは

2006（平成18）年に「就学前の子どもに関する教育、保育等の総合的な提供の推進に関する法律」に基づいて、「認定子ども園」が創設されました。

同園は、保育と教育が一体的に提供されるもので、子どもの年齢は0歳から小学校就学前を対象としています。同園の施設、設備、人員、資格等についての基準は内閣府、文科省、厚生労働省が定めています。これらの基準を満たした場合に、都道府県、指定都市、中核市が認可するしくみです。

一般的なタイプとして「幼保連携型」があり、0歳から2歳までは保育を行い、3歳から5歳までは保育・教育を行います。特徴は3歳から5歳までの子を持つ保護者等の要件として就労等は問わず、預けたい保護者に開放しています。

また、0歳から2歳の保育には保育士資格、3歳から5歳の保育・教育には幼稚園教諭の免許が必要であり、2つの資格、免許を有している場合「保育教諭」として位置づけられることになりました（ただし、2015（平成27）年から5年間は経過措置があります)。

この他に「幼稚園型」「保育所型」があり、幼稚園、保育所の機能を備えた同園も存在し、「地方裁量型」のように地域独自の同園をつくることも可能です。

（4） ドメスティックバイオレンスとは

ドメスティックバイオレンスとは夫婦間の暴力を言います。この対策として、2001（平成13）年に「配偶者からの暴力の防止及び被害者の保護等に関する法律」が制定されました。同法は、配偶者からの暴力に係る通報、相談、保護、自立支援を整備することにより、配偶者からの暴力の防止および被害者の保護を図ることを目的としています。夫婦間の暴力の窓口として、都道府県・市町村に「配偶者暴力相談支援センター」が配置されています。このセンターは被害者の保護、支援を行っています。例えば、同センターは配偶者の暴力があった場合、被害者や子どもをシェルター（避難所）に一時保護し、警察、裁判所に連絡調整を行います。裁判所は、被害者の生命、健康を守るために、加害者に保護命令を下すことができます（「接近禁止命令」「住宅からの退去命令」等)。もし、違反した場合は、加害者は処罰の対象となります。

内閣府「男女間における暴力に関する調査」(2015（平成27）年3月）によると配偶者からの被害は5人に1人であり、内訳は、身体的暴力が13.2%、心理的攻撃（電話・メールの監視等や精神的ないやがらせ）が10.6%、経済的圧迫（生活費を渡さない）が5.0%、性的強要が4.5%です。ただし男女により、その内容は異なります。女性に対しては、身体的暴力15.4%、心理的攻撃11.9%、経済的圧迫7.4%、性的強要7.1%です。男性に対しては、身体暴力10.8%、心理的攻撃9.1%、経済的圧迫2.3%、性的強要1.5%です。

（松井　圭三）

第10章　児童虐待

記　事

しつけ 虐待との境目は

「北海道男児置き去り」から考える

小学2年の男の子が北海道の山中に置き去りにされたニュースを見て、しつけのあり方を改めて考えた人は少なくないでしょう。子どもが言うことを聞かない時、どうすればいいの？　虐待としつけの境目は？　専門家らに聞きました。

脅しや体罰　効果は低い

神奈川県茅ケ崎市の施設に今月初旬、市内の母親7人が集まった。子どものしつけ方を学ぶ講座「ほしつ☆そだれん」で、市こども育成相談課の相談員の青木幸子さんとともに「子どもに問題行動があった場合にどう伝えるか」を、日常を振り返りながら考えた。

参加した主婦の　A子　さん(32)は、3歳の長男が寝る時間になっても遊ぶのをやめなかった時のことを相談。感情的に怒り、なぜ寝てほしいか伝えられなかった。青木さんは「親が少し冷静になってから子どもに伝えても大丈夫。できたらほめることも忘れないで」と助言した。

A子さんは注意するとき、つい手が出てしまうこともあった。「自分のしつけに自信がなく受講した。その後は、まだまだだが余裕を持って子どもに伝えられることもできるようになった」という。

別の主婦の女性(41)も3歳の長男のしかり方に悩み、参加。「つい感情的になりそうな時にも、子どもの気持ちを受け止めつつ、いけないと伝えるようになった」という。

講座は２００９年に始まり、昨年度までに約６００人が修了。母親の受講が多いが、父親向けも開いている。講座で大事にしているのは、脅しや体罰によるしつけは子どもをこわがらせるだけで効果は低いと伝えることだ。

講座を企画した同市の　B　さん(38)は「北海道の件もそうだが、怖さや罰するだけで分からせるのは難しく、親の自己嫌悪につながる。積み重なれば、子どもの自己肯定感が低下することもある」。どなったり、罰したりしそうになった時は「子どもに伝わっているか、しつけでなく心理攻撃になっていないか、少し考えてみては。10回のうち1回でも冷静になれればそれでいい。子どもに伝える経験を積み重ねて、親も自信を持ってほしい」と話す。

子どもが問題行動をした
（例　お店のお菓子売り場の前で騒ぐ）

1 まずはやめさせる

2 具体的な言葉でどんな行動をすればいいのか説明する
× 「お店ではいい子にしてね」
○ 「お店ではママの横を歩いて買い物を手伝ってね」

3 子どもの気持ちに理解を示す
「お菓子が食べたかったんだね」

最後に……
してほしい行動を練習させる
その場でやらなくても、子どもが落ち着いた時でもいい

よい行動ができた時は子どもをほめる

神奈川県茅ケ崎市の子育て講座「ほしつ☆そだれん」のプログラムから

子の安全　脅かさないで

北海道のケースは、心理的虐待の疑いがあるとして、道警が児童相談所に通告した。児童虐待防止法は「長時間の放置、著しい心理的外傷を与える言動をすること」などを虐待と定義。厚生労働省は、個々の事例が虐待かどうかは、子どもや親の状況、生活環境などから「子どもの側に立って」総合的に判断するよう求めている。

直後からネット上では、いうことをきかない子どもに親が「置いていっちゃうよ」と言うことへの批判も出た。4歳の娘を育てる仙台市の女性(34)は、「親は軽い気持ちでも子どもは不安でいっぱいになっている」との書き込みをみて、不安になった。娘が公園から帰りたがらない時、考えられる手が尽きたら「いい加減にしないと置いていくからね！」と言う時があるからだ。

しつけと虐待の境目はどこにあるのだろうか。

児童虐待防止に取り組む民間機関「子どもの虹情報研修センター」（横浜市）の川崎二三彦《ふみひこ》センター長によると、「子どもの安全が確保されているかどうか」が判断のポイントという。「親が『しつけ』と言っても、子どもの安全が脅かされている場合は虐待にあたる」。例えば、子どもを家の外に閉め出すことは、地域の絆が強く見守ってくれる人がいた昔は許されたかも知れないが「今は危険です」。

また恵泉女学園大の大日向雅美学長（発達心理学）は「親も人間なので感情的になってしまうこともある」としつつ、「一番大切なのは子どもに言い過ぎたり行き過ぎたことをやってしまったりした時に親が反省すること。『しつけのためだった』と、自分で正当化しては絶対にいけない。歯止めがきかなくなり、虐待までエスカレートする危険もある」。

また、しつけは親だけではなく地域などのまわりの大人も関わってするものだといい、「北海道の件から社会も学ぼうとする意識が大切だ」と話す。

（畑山敦子、長富由希子）

出典：2016年6月16日朝日新聞

1. 言葉を調べてみましょう。

（1）「北海道男児置き去り事件」とは、どんな出来事だったのかを調べてみましょう。

（2）「心理的虐待」とは、どんなことか調べてみましょう。

（3）「虐待」と「しつけ」はどう違うかを考えてみましょう。

（4） 子どもが問題行動をした時に、どんな対応が大切かをまとめてみましょう。

（5） 子どもに行き過ぎた叱り方をした時には、どんなケアが必要か考えてみましょう。

2. この記事を読んだ感想をまとめてみましょう。

3. 解　説

（1） 児童虐待の種類

児童虐待の種類としては次のようなものがあります（厚生労働省HPより）。

1） 身体的虐待

殴る、蹴る、投げ落とす、激しく揺さぶる、やけどを負わせる、溺れさせる、首を絞める、縄などにより一室に拘束するなど

2） 性的虐待

子どもへの性的行為、性的行為を見せる、性器を触るまたは触らせる、ポルノグラフィの被写体にするなど

3） ネグレクト

家に閉じ込める、食事を与えない、ひどく不潔にする、自動車の中に放置する、重い病気になっても病院に連れて行かないなど

4） 心理的虐待

言葉による脅し、無視、きょうだい間での差別的扱い、子どもの目の前で家族に対して暴力をふるう（ドメスティック・バイオレンス：DV） など

（2） 児童虐待の種類別内訳

2014（平成26）年の厚生労働省の統計によれば、児童虐待の種類別の割合として次のようなデータがあります。

それによれば、最も多いのが心理的虐待で43.6%、次いで身体的虐待が29.4%、そしてネグレクト25.2%、性的虐待1.7%と続いています（合計が100%になりません）。

（3） 虐待者の内訳

実際に虐待を行ったのは誰かということも考えなければなりません。2014（平成26）年厚労省の統計によれば、実母52.4%、実父34.5%、実父以外の父親6.3%、実母以外の母親0.8%、その他6.1%となっています（合計が100%になりません）。

この統計結果からは、虐待者の過半数が実母だということが見えてきます。また統計の経年変化をみると、実母は減少傾向にありますが、逆に実父による虐待は年々増加しています。

（4） 被虐待者の年齢構成別内訳

虐待されている児童の年齢別の割合を見てみると、小学生が最多で34.5%、これに続いて、3歳～学齢前児23.8%、0歳～3歳未満児19.7%、中学生14.1%、高校生等7.9%の順になっています（2014（平成26）年厚労省の統計）。

この統計結果から、小学生が虐待を受けている件数が最多であると受け止められています。しかし、0歳～3歳未満の乳幼児は自己主張することが困難であって、実質的には虐待件数自体がもっと多く、潜在化しているものを考えてみるとこの割合は変化するかもしれません。

（5） 児童福祉司の仕事

児童福祉司とは、「児童福祉法」第13条の規定に基づいて児童相談所に配置される職員のことで、児童の保護や児童の福祉に関する事柄について保護者などからの相談に応じ、必要な調査

や社会的診断に基づいて、施設内で同じように相談活動をしている心理判定員などと協力して指導や助言を行う職種です。保護者からの相談内容は、病気や死亡、家出、離婚、虐待などで、子どもの養育ができない、または困難であるといったことがあります。児童についての相談内容については、盗み、傷害、放火、シンナー吸引、自閉症、不登校など多岐にわたっています。これらの事象に対応するためには、社会学、心理学、ケースワーク技法といった専門的な知識が必要とされます。また、どんな人とも話ができる幅広い教養と社会経験が要求される難しい仕事です。

（角田みどり）

記　事

増え続ける児童虐待《ぎゃくたい》 年10万件を超《こ》えたな

暴力を見聞きした心の傷など、定義を広げたのも一因だ

ホー先生　児童虐待《ぎゃくたい》が増えているそうじゃな。

A　全国の児童相談所（児相《じそう》）が対応した18歳《さい》未満の子どもへの虐待は2015年度で10万3260件だった。統計をとり始めた1990年度から25年連続で増え続け、8月に厚生労働省が公表した速報値で初めて10万件を超《こ》えたんだ。

ホ　ホホウ！

A　定義を広げたことが影響《えいきょう》している。子どもが見聞きしている所で配偶者《はいぐうしゃ》に暴力をふるう「面前DV《ディーブイ》（家庭内暴力）」は04年、心理的虐待にあたるとして対象に加えられた。家庭で暴力が繰り返されると、直接暴力を受けたときと同じくらい心が傷ついてしまう。13年には、きょうだいへの虐待も追加された。

ホ　毎日280件ぐらいの児童虐待が起きている計算にもなるな。

A　相談しやすくなったことも大きい。児相の全国共通ダイヤルは昨年7月から3桁《けた》の「189」に短縮された。認知度も高まり、かかってきた電話は14年度に約2万件だったのが、15年度は約23万件に増えた。

ホ　隠《かく》れていた虐待も明るみに出たということか。

A　実数は調べられていないので不明だ。虐待で亡くなった子どもは11年度に99人いたが、13年度には69人と減少傾向《けいこう》にある。ただ、専門家は虐待が起きやすい環境《かんきょう》が広がっていると指摘《してき》している。近所付き合いが少なかったり、実家が遠くて親族に頼《たよ》りにくかったりして、昔よりも子育ての悩《なや》みを親が抱《かか》え込《こ》んでしまいがちなんだ。

ホ　何とかせんと。

A　そうなんだけど、担当する児相の人手不足は深刻だ。15年度の虐待件数は00年度の5・8倍になったのに、対応する児童福祉司《ふくしし》は2・2倍の2934人にとどまる。厚労省は児童福祉司らを19年度末までの4年間で1120人増やす目標を立てて、態勢の強化を急いでいるよ。（伊藤舞虹）

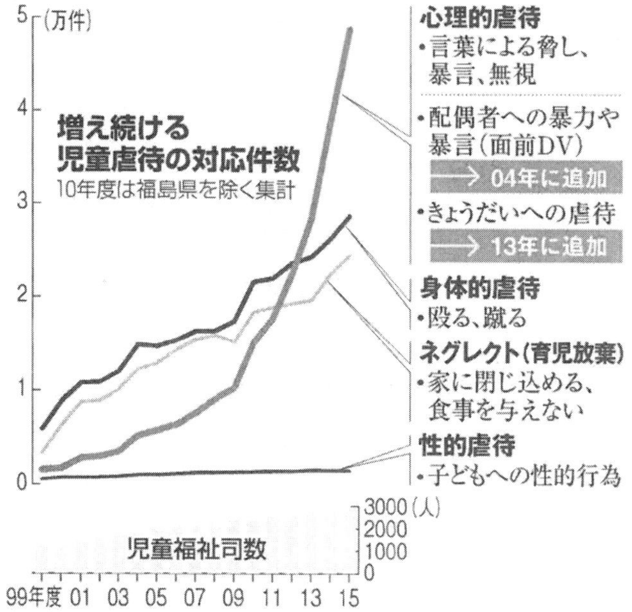

出典：2016年9月1日朝日新聞

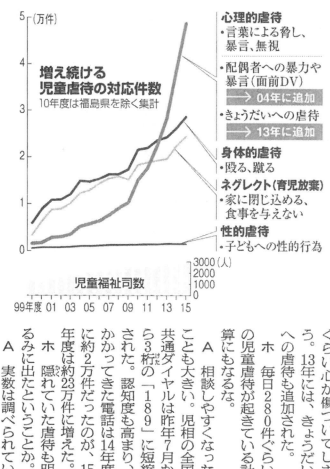

1. 言葉を調べてみましょう。

（1）「児童虐待の定義」を調べましょう。

（2）「児童虐待の分類」を調べましょう。

（3）「児童虐待防止法」について調べましょう。

（4） 児童虐待が疑われた場合の「通告義務」とは、どのようなことか調べましょう。

（5）「虐待死」の実態を調べましょう。

2. この記事を読んだ感想をまとめてみましょう。

3. 解　説

（1） 子どもを取り巻く環境の変化

近年、子どもを取り巻く環境は著しく変化してきました。少子・高齢化社会、男女共同参画社会、核家族化社会、情報化社会等々、社会構造そのものが激変し、子育てにとっては決して望ましい方向に進展していない現状です。子育てが孤立化、密室化しやすい環境の中で、一番弱い立場の子どもに暴力や育児放棄が向けられ、まさに「子育て受難」の時代が到来したと言っても過言ではあません。国を挙げての子育て支援が叫ばれていますが、子育て支援に関する予算配分は決して十分とは言えません。このような中で、児童虐待を防止するための相談機関や育児支援の施策も十分に満たされているとは言い難いです。

（2） 児童相談所に対する児童虐待の相談件数

厚生労働省の調べによれば、2015（平成27）年度の児童相談所に対する児童虐待の相談件数は10万3,286件と過去最高となりました。過去25年にわたり、増加し続けていることになります。主な増加要因として、対応件数が大幅に増加した自治体からの聞き取りによると、次の点が挙げられます。

心理的虐待が増加しました。その要因の一つに考えられることとして、児童が同居する家庭における配偶者に対する暴力（面前DV）がある事案について、警察からの通告が増加しました。心理的虐待は2014（平成26）年度の3万8,775件から2015（平成27）年度には4万8,693件と9,918件増加しました。警察からの通告は、2014（平成26）年度の2万9,172件から2015（平成27）年度には3万8,522件となり9,350件増加しています。

また、児童相談所全国共通ダイヤルの3桁化（189）の広報や、マスコミによる児童虐待の事件報道等により、国民や関係機関の児童虐待に対する意識が高まったことに伴い通告が増加しました。

（3）「児童虐待防止法」の制定

児童虐待の相談件数の増加に対応して、「児童虐待防止法」が2000（平成12）年11月に施行されました。児童虐待が児童の心身の成長および人格の形成に重大な影響を与えることから、児童に対する虐待を禁止し、被虐待児の保護、児童虐待の早期発見・早期対応、児童虐待防止の施策推進等を規定しています。2004（平成16）年・2007（平成19）年に改正を重ね、虐待通告義務などが加えられたほか、2011（平成23）年には「民法」にも親権停止の規定が創設されました（2012（平成24）年施行）。

（4） 児童虐待の定義

「児童虐待防止法」第2条では、児童虐待とは、保護者がその監護する児童に対し、①児童の身体に外傷が生じ、又は生じるおそれのある暴行を加えること、②児童にわいせつな行為をすること又は児童をしてわいせつな行為をさせること、③児童の心身の正常な発達を妨げるような著しい減食又は長時間の放置、保護者以外の同居人による①・②・④と同様の行為の放置その他の保護者としての監護を著しく怠ること、④児童に対する著しい暴言又は著しく拒絶的な対応、児童が同居する家庭における配偶者に対する暴力（配偶者の身体に対する不法な攻撃であって生命又は身体に危害を及ぼすもの等）、その他の児童に著しい心理的外傷を与える言動を行うこと、とされています。

（角田みどり）

第11章　児童の健全育成

記　事

学童 小6まで使いたいのに

共働き家庭などの小学生が放課後に過ごす放課後児童クラブ（学童保育）。昨年4月に対象が原則「小3まで」から「小6まで」に広がりましたが、拡大を見送った自治体もあり、親から不満が出ています。

対象拡大、見送った自治体も

「ただいま」。川崎市高津区の学童保育「オカリナ」には午後3時半ごろ、授業を終えた小学4～6年生が続々やってくる。低学年と一緒に将棋を指したりおやつを食べたり。6年の　A　さん(11)は「ここがなければ家に引きこもる日が多かったと思う。楽しい」と話す。

「別の受け皿ある」

学童保育は、親が仕事などで放課後に家にいない小学生が、支援員の見守りの中で遊ぶなどして過ごすものだ。児童福祉法で自治体に受け皿整備に努めるよう求めており、児童約40人に支援員2人以上などの基準を省令で定めている。同法改正で小4以降も対象とされた。早稲田大の増山《ましやま》均教授（教育福祉学）は「高学年は大人と離れて自由に遊ぶ時間も大切で、全員に学童保育が必要なわけではない。だが、子どもの発達や家庭、地域の状況は様々で、希望者は受け入れるべきだ」と指摘する。

ただ自治体の対応にはばらつきがある。東京23区では文京、墨田、江東、目黒、世田谷、中野、北、練馬の8区が原則小3までのままだ。

世田谷は親の就労にかかわらず、登録した児童が放課後に学校の教室などで遊べる「全児童向け事業」などの受け皿があるためと説明する。ただ、同区の事業は学童保育と違って子どもの出欠を親に連絡せず、様子を伝える連絡帳やおやつもない。

小5の娘が一時使っていた区内の　B　さん(56)は「1人ずつを丁寧に見てくれる学童保育とは違い、出入り自由な遊び場に近い。1人の時に事故や事件に巻き込まれる心配は今もある。6年まで学童に行かせたかった」と話す。

増える待機児童

墨田区は、高学年が学童を離れて自立する大切さと、待機児童を理由に挙げた。文京区も「待機児童が出ているため」という。練馬区は一部で高学年向けモデル事業を、北区は基準が緩い独自事業を実施。江戸川区は小1～6まで独自の預かり事業をしているとする。東京都以外でも、大阪府守口市や兵庫県西宮市などが原則小3までのままだ。

一方、小6まで広げて待機児童が深刻になっている自治体もある。さいたま市は4年生を中心に希望が増え、昨年5月の待機児童は698人で前年同月の1・8倍になった。

「質保ちつつ量を」

厚労省によると、昨年5月の全国の利用児童数は102万人を超えた。1年間で9万人近く増えたが、待機児童数は1・7倍の1万6941人に。希望者の増加に受け皿整備が追いつかず、子どもが小学生になると預け先がなくなり、親が仕事を続けにくくなる「小1の壁」も深刻だ。政府は19年度末までに30万人分の受け皿を増やし、待機児童ゼロにする目標を掲げる。18日にまとめた「ニッポン1億総活躍プラン」では達成の1年前倒しを目指すとした。ただ実施するのは自治体なので、整備が加速するかは不透明だ。

学童保育に詳しい淑徳大の柏女霊峰教授（子ども家庭福祉）は、「学童保育のニーズは今後さらに増える。質を保ちつつ量を増やすことが大切だが、国の財政支援は貧弱で、税金をきちんとあてる仕組みをつくることが必要だ」と話す。

（長富由希子）

出典：2016年5月21日朝日新聞

1．制度を調べましょう。

（1） 現在の「児童福祉法」上の「放課後児童健全育成事業」の条文を調べましょう。

（2） 厚生労働省が実施している「放課後児童健全育成事業」と文部科学省が実施している「放課後子ども教室」の違いを調べましょう。

（3）「子どもの最善の利益（子どもにとって何が一番よいのか）」を考えた場合、児童の放課後生活にどのような制度・場所・人材等が必要か考えましょう。

2. この記事を読んだ感想をまとめてみましょう。

3. 解　説

1. 学童保育の法定化について

学童保育が「児童福祉法」により法制化されたのは1998（平成10）年です。乳幼児の保育が1947（昭和22）年に「児童福祉法」で制度化されてから、学童保育の制度化は50年かかりました。学童保育は「保護者自身の手による共同保育」として始まり、「留守家庭児童会育成補助事業」（1966（昭和41）年～1971（昭和46）年）、「都市児童健全育成事業」（1976（昭和51）年～1991（平成3）年）など、国による補助事業として運営されていました。そのような中、全国学童保育連絡協議会が中心となり、国に学童保育の制度化を求め、1998（平成10）年4月に学童保育は「放課後児童健全育成事業」として「児童福祉法」に規定されました。名称は「学童保育所」「学童クラブ」「放課後児童クラブ」等さまざまなものがあります。

2015（平成27）年4月から「子ども・子育て関連3法」により学童保育は制度的に大きく変わりました。主な変更点は以下の3点です。

①　「児童福祉法」が改正され、学童保育の対象年齢が「おおむね10歳未満」から「小学生」に拡大されました。

この対象年齢は、「事業の対象範囲を示すもの」とされ、学童保育において小学校6年生までの受け入れを義務化したものではないとされています。したがって、義務化でないために、地域の学童保育の充実度により、高学年の利用希望者への対応が異なっています。

②　学童保育が、市町村が行う「地域子ども・子育て支援事業」の1つとして位置づけられました。

今後は市町村の地域行政として、学童保育の整備が行われます。上述の高学年の利用希望者への対応等、地域による差が生じる可能性が心配されます。

③　国が学童保育の基準を2013（平成25）年度中に省令で定め、それに基づき、市町村が条例で独自の基準を2014（平成26）年度に策定しました。

国は「従うべき基準」として、職員は原則として2人以上配置し、うち1人以上は研修を受けた有資格者であること、「参酌すべき基準」として、児童の集団の規模は40人までとすること、児童1人当たり1.65m^2以上の面積を確保すること、開所日数は250日以上、開所時間は平日が1日3時間以上、休日は1日8時間以上などが示されています。ただし、「参酌すべき基準」には、「原則」「おおむね」などの文言が付されています。

2. 学童保育と放課後子ども教室の違い

学童保育は厚生労働省が所管している「放課後児童健全育成事業」として実施しています。一方、放課後子ども教室は文部科学省が所管する「放課後子ども教室推進事業」として実施しています。「放課後子ども教室推進事業」は小学校の空き教室等を活用し、地域の人の参画を得て、子どもたちと一緒に行う学習やスポーツ・文化活動等の取り組みに対して国が補助をするものです。表11-1に学童保育と放課後子ども教室の主な違いを示します（詳細な違いは各自治体により異なります）。

表11-1　学童保育と放課後子ども教室の違い

	学童保育	放課後子ども教室
目的	日中保護者が不在の児童の安心な生活の場 出欠の確認あり	安心な遊び場の提供 出欠の確認なし
対象児童	保護者が就労している小学校1～6年生	小学校1～6年生全員
実施時間	平日：学校終了後～18：00ごろ 休日：9：00～18：00ごろ	平日：学校終了後～17：00ごろ 休日：10：00～開催内容により終了時間は異なる
おやつ	あり	なし
利用料	月額5,000円から7,000円程度	無料または年間200円程度
指導員	有資格者（保育士、教員資格など）	なし

筆者作成

参考資料

「放課後児童クラブ」関連資料：厚生労働省
http://www.mhlw.go.jp/file.jsp?id=145649&name=2r985200000334er.pdf（2017.3.1）
「放課後子供教室等について（学校支援地域本部・土曜日の教育活動）」
http://www.mhlw.go.jp/file/06-Seisakujouhou-11900000-Koyoukintoujidoukateikyoku/0000054561.pdf（2017.3.1）

（西木貴美子）

記 事

就活前 共働き家庭に「留学」

家庭と仕事の両立について、共働き家庭に1日「留学」し、具体的なイメージをつかもうとする動きが学生の間で出始めている。就職活動を前に、育児などを体験しながら共働き家庭の現実や本音を見聞きすることで、仕事選びでも、考えに幅が広がるようだ。

働くママのリアル 知る

「子どもを産んで変わったことは?」。長女(10カ月)を抱いたまま昼食を取る女性(37)に、大学3年の女子学生2人が問いかけた。女性は「思考回路ががらっと変わった。結婚はせず、子どももいらないって、学生の頃は思ってたんだけどね」と、ざっくばらんに語り始めた。

学生2人が参加したのは「家族留学」。主に子育てをしながら働く女性の家庭を訪れ、様々な話を聞いたり、育児を体験したりする。今回の訪問先の女性は化粧品メーカー勤務で、育児休業を経て8月から職場に復帰した。夫(37)は弁護士で多忙のため、育児はほぼ女性が担う。

育児の大変さ、育休からの復帰後の制度、保育園への入所を考えて引っ越した話――。経験者ならではの具体的な話が続き、女子学生も次々に質問していく。

家族留学を行うのは、慶応大4年の新居《におり》日南恵《ひなえ》さん(22)が代表の学生団体「ｍａｎｍａ《マンマ》」。２０１４年に発足し、15年2月から始めた。新居さんの周りには中高生のころから摂食障害や交際相手のデートＤＶに苦しむ友人がいた。そんな問題を考えるうち、家庭環境の重要さに気付いた。

進路相談で結婚や子育てに触れられたことはなく、大学では男女の性差に関して学ぶ「ジェンダー論」や「女性キャリア」の講義はあるが、母親や育児という話はあまり出てこない。共働き家庭が珍しくないのに、母になって仕事をするイメージが抱けなかった。「仕事と結婚・子育てはつながっているし、同じくらい重要なはずなのに」

講演などで話を聞いても、「両立できているすごい人」には質問しづらかった。たまたまある家庭で、働く女性の子育てをのぞく機会があり、悩み、迷い、葛藤する「リアル」が見えた。これだ、と思った。

団体には、0~6歳程度の子どもがいる家庭と、参加したい学生がそれぞれ２００人以上登録している。事前面談を経て、訪問を行う。のべ１８０人が留学を経験した。参加学生は女子が中心だが、男子や高校生もいるという。

仕事選びの視点 広がる

今春、新卒で不動産会社に就職し、営業職として働く女性(22)は、就活中の昨年4月、家族留学に参加した。以前は子どもができれば退職し、専業主婦になるものだと思っていた。家族留学で話を聞くうち、子育てをしながら働く形もあるのでは、と考えるようになった。今の職場で、出産後に復帰して働いている営業職の女性はいない。それでも、「ロールモデルがないなら自分が作れば」と思っている。

来春商社に入社予定の女子学生(22)は、昨年11月に家族留学を経験。留学先の女性は、出産を機にグローバル部門から異動になっていた。子育てをしながら、多忙な部署で働く難しさも感じた。入社後は海外勤務も経験したいが、「そうした働き方をして、夫や子どもは幸せなのだろうか」。将来への悩みは尽きない。

新居さんによれば、女子学生同士が議論するとき、バリバリ仕事をしてキャリアを重ねる「バリキャリ」か、家庭で育児などに専念する「主婦」か、という二者択一になりがちだという。「でも、その間の『普通に仕事も頑張りたいが子育ても大事にしたい』という人がとても多い」とも話す。

仕事と家庭のバランスの取り方は人によって様々だ。新居さんは「『普通』の選択肢は無数にある。自分の親だけでなく、多くの家庭を見て、考えてみてほしい」と話している。

（植松佳香）

出典：2016年8月22日朝日新聞

1．制度を調べましょう。

（1） 児童手当の受給対象となる条件、たとえば、子どもの年齢や親の所得制限に関して、詳しく調べましょう。

（2） 共働き家庭への子育て支援制度にはどのようなものがあるか、調べてみましょう。

（3） 企業や大学が取り組んでいる、従業員や教職員のための子育て支援体制の中には、どのようなものがあるか、調べてみましょう。

（4） 共働き家庭への子育て支援には、今ある制度などに加えて、どのような社会資源が必要か考えてみましょう。

2. この記事を読んだ感想をまとめてみましょう。

3. 解 説

1. 児童手当について

児童手当の支給対象は、中学校卒業まで（15歳の誕生日後の最初の3月 31日まで）の児童を養育している者とされ、父母がともに子どもを養育している場合は、生計を維持する程度の高い者が対象となります。

また支給額は、所得制限がありますが、表11-2のとおりです。

表11-2 児童手当支給額

児童の年齢	児童手当の額（1人当たり月額）
3歳未満	一律15,000円
3歳以上～小学校修了前	10,000円（第3子以降は15,000円）
中学生	一律10,000円

厚生労働省HP参考に筆者作成

ただし、所得制限限度額以上の場合は、2012（平成24）年6月以降より特例給付として月額一律5,000円が支給されることとなりました。

また、児童手当制度では、以下のルールが適用されます。

① 原則として、児童が日本国内に住んでいる場合に支給されます。

② 父母が離婚協議中などにより別居している場合は、児童と同居している人に優先的に支給されます。

③ 父母が海外に住んでいる場合、その父母が、日本国内で児童を養育している者を指定すれば、その者（父母指定者）に支給されます。

④ 児童を養育している未成年後見人がいる場合は、その未成年後見人に支給されます。

⑤ 児童が施設に入所している場合や里親などに委託されている場合は、原則として、その施設の設置者や里親などに支給されます。

2. 共働き家庭への子育て支援制度

共働き家庭への子育て支援といえば、「保育所」が思い浮かぶでしょう。保育所以外の保育施設・事業には、認定こども園や地域型保育事業があります。後者は従前の無認可保育とは異なり、認可事業として地域型保育給付の対象とし、利用者による多様な選択を可能としています。たとえば①小規模保育（利用定員6人以上19人以下）、②家庭的保育（利用定員5人以下）、③居宅訪問型保育、④事業所内保育などがあります。

また、保育所においては通常保育事業に加えて、一時預かり事業、延長保育事業、休日・夜間保育事業、病児・病後児保育などがあります。

さらに、児童養護施設などの児童福祉施設等では、子育て短期支援事業等（ショートステイやトワイライトステイ）を実施していますし、児童館において実施されることの多い放課後児童健全育成事業（放課後児童クラブ）なども、共働き家庭への子育て支援としては重要です。

あるいは、産前産後休業や育児休業の制度なども、子育て支援制度といえます。

3. 企業や大学における子育て支援

企業における子育て支援の取り組みとしては、たとえば、フレックスタイム制とテレワーク勤務という柔軟な働き方を実現する制度や、育児休業取得初日から連続5日間を有給とする「ウェルカム・ベビー・ケア・リーブ」、子どもが中学校進学まで利用可能な短時間・時差勤務、また育児事由全般のための特別休暇である「キッズサポート休暇」の導入、あるいはベビーシッターサービス利用時の補助等を実施している企業があります。そしてベビーシッターサービスについては、保育所等へ入所困難な場合に、保育所入所ができるまで補助する「つなぎシッターサービス」や、子どもの病時や急な残業・出張等の際にベビーシッターを利用する場合の補助等があります。

また、大学における研究者等への子育て支援の取り組みとしては、自治体に保育所入所申請を行ったにもかかわらず、入所待ちを余儀なくされている研究者等を対象として「保育所入所待機乳児保育室」を準備したり、病中・病後のため幼稚園・保育所・学校へ登園・登校ができない時、親が仕事や研究を休むことなく、子どもの保育ができる環境を提供する「病児保育」を準備している大学も多々あります。

また、「ベビーシッター育児支援割引券」というものを発行し、ベビーシッターを利用した場合に、その利用料金の一部を助成するという取り組みをしている大学もあります。

あるいは、5限目に授業が入っている等が理由で、子育て中の研究者が時間までに迎えに行けないといった状況の時、大学から大学側が準備した保育者に保育所等への迎えに行ってもらい、大学内の施設にて子どもを保育するといった「おむかえ保育」を実現している大学もあります。

その他、学内保育や学内学童保育を設置している大学も、たくさん存在しています。

井村圭壯・今井慶宗（編）『現代の保育と家庭支援論』2015年、学文社
『児童手当制度のご案内』厚生労働省
　http://www8.cao.go.jp/shoushi/jidouteate/pdf/leaf_teate.pdf（2017.3.1）
厚生労働省 HP　http://www.mhlw.go.jp/　参照（2017.3.1）

（小宅　理沙）

第12章　障害のある児童

記　事

「通級指導」9万人に
公立小中　障害の認知度向上

発達障害などで一部の授業を通常学級とは別にする「通級指導」を受けている児童・生徒が、全国の公立小中学校で初めて9万人を超えたことが文部科学省の調査で分かった。文科省は障害の認知度が高まり、学校の受け入れ態勢が整った結果とみている。通級指導は比較的軽い障害がある児童・生徒が、特別支援学校や特別支援学級ではなく通常学級に在籍しながら、各教科の補充指導などを別室で受ける制度。文科省が昨年5月1日時点の状況を調べたところ、小学校で８万７６８人、中学校で９５０２人の計９万２７０人（前年度比６５２０人増）にのぼった。全児童・生徒数の約1%にあたる。

障害の種別では①言語障害（39・1%）②注意欠陥多動性障害（16・2%）③自閉症（15・7%）④学習障害（14・6%）⑤情緒障害（11・8%）――など。在籍する学校で指導を受ける「自校通級」と、担当教員がいないため他校で指導を受ける「他校通級」の割合はほぼ半々。担当教員は７００６人で前年度比４４４人増えた。障害者団体などでつくる全国特別支援教育推進連盟の大南英明理事長は「通級指導が必要な子どもは実際は更に数万人いるとみられる。専門知識を持った教員増員が急務」と話す。【佐々木洋】

出典：2016年4月29日毎日新聞

1．言葉を調べましょう。

（1） 発達障害とはどのような障害ですか。

（2） 注意欠陥多動性障害とはどのような障害ですか。

（3） 自閉症とはどのような症状ですか。

（4）学習障害とはどのような障害ですか。

（5）アスペルガー症候群とはどのような状態ですか。

（6）トゥレット症候群とはどのような状態ですか。

2. この記事を読んだ感想をまとめましょう。

3. 解　説

（1） 発達障害

発達障害という概念が、一般に広く知られるようになったのは、2002（平成14）年の文部科学省の通常学級において、発達障害の特徴を持つ子どもが6.3%いるという報告です。

発達障害は3つに分類されます。1つ目は学習障害、2つ目は注意欠陥多動性障害、3つ目は広汎性発達障害です。さらに広汎性発達障害は、自閉症・アスペルガー症候群・トゥレット症候群の3つに分けられます。これらは「脳の機能障害であって、その症状が通常低年齢において発症するもの」と規定されています。

我が国では認知度が低く、周囲の理解が十分でないために、誤解されて悩んだり、症状を悪化させたりする患者が多くいます（二次障害の発生）。二次障害では、自信の喪失・不登校・ひきこもり・うつ状態などがみられます。「母親の愛情不足」や「育て方に問題がある」などは全くの誤解です。

接し方としては、「生活しやすくなるためにどうしたら良いか」・「どんな能力を持っていて、それをどう伸ばしていけば良いか」などを考えて、支援していくことが大切です。

（2） 注意欠陥多動性障害（ADHD）

不注意（気が散りやすい・忘れっぽい・集中力が続かない）、多動性（じっとしていられない・落ち着きがない）、衝動性（順番を待てない・考える前に行う）の3つの要素がみられる障害のことです。小さい子どもであればこれらの要素は誰にでも見られるものなので、周囲の人に障害として理解されづらく、しつけができていない子どもなどと、誤解を受けてしまうケースが多々あります。

年齢や発達に不釣り合いな行動が多く、社会的な活動や学習に支障をきたすことがあります。この障害に知的な遅れはなく、行動のコントロールを自分ですることが難しいという特徴があります。

この障害の子どもは自分に自信が持てずに、色々な方面で支障をきたしてしまうことがあります。そのため、ADHDの子どもと接する際には、以下の点に注意が必要です。①よく褒める、②才能を発見する（自分の好きなことに集中力を発揮することが多い）、③順序立てた行動を促す（子どもが興味を持ったことからさせる）、④不安の軽減を図る（予定の変更は最小限とし、予測が可能な行動を指示する）、⑤自覚させる（どういった不注意で過ちをすることが多いかを教えてあげる）。

（3） 自閉症

通常生後30か月までに発症する先天的な脳の中枢神経の機能障害です。自分を取り巻く物事や状況が、私達と同じ様には脳に伝わらないために、視線が合わない、一人遊びが多い、関わろうとするとパニックになる、特定の物に強いこだわりが見られる、コミュニケーションを目的とした言葉が出ないなどの行動特徴がみられます。

知的障害を伴わない自閉症を、高機能自閉症と呼びます。IQ70以上であれば知的障害を伴わないとされていますが、IQ70-85は境界領域知能と言われることもあります。

高機能自閉症とよく似た特徴を示し、発達初期に言葉の遅れが無く、比較的言語が流暢な場合にはアスペルガー症候群と診断されることもあります。高機能自閉症やアスペルガー症候群は、知的障害が無いからといって社会性の障害が無いわけではありません。周りからの理解や支援が得られにくいという例も多く、より正確な知識の普及と行き届いた支援が必要です。

さらに、自閉症ほど典型的ではありませんが、自閉症としての特徴が幾つかある状態を指して非定型自閉症、または特定不能の広汎性発達障害と呼びます。自閉症とアスペルガー症候群、非定型自閉症を併せて自閉症スペクトラム障害と呼びます。

2004（平成16）年の「発達障害者支援法」の制定や特別支援教育のスタートにより、自閉症児をはじめとする発達障害への認知が高まっており、障害の早期発見と早期支援が強く望まれます。

自閉症児の発症率は1万人に4～5人と言われてきましたが、近年、自閉症児の診断を受ける幼児の数は増加しています。アメリカの疾病予防管理センターの調査では、88人に1人という結果が報告されています。

（4） 学習障害（LD）

文部科学省の定義では、全般的な知的発達に遅れはないが、聞く・話す・読む・書く・計算するまたは推論する能力のうち、特定のものの習得と使用に著しい困難を示す様々な状態を示すものとされています。その原因は、中枢神経に何らかの機能障害があると推定されますが、視覚障害・聴覚障害・知的障害・情緒障害などの障害や環境的な要因が直接的な原因となるものではないとされています。コミュニケーションや位置関係、空間認知なども弱く、運動や遊びの場においても困難さがうかがえます。

（5） アスペルガー症候群

先天的な障害で、親の育て方や愛情不足などが原因ではなく、脳機能の障害です。対人関係の問題（社会的なルールの理解、場の空気を読む、相手の気持ちを理解することなどが難しくて、自己中心的と誤解を受けやすいです）、コミュニケーションの問題（相手の表情や行間を読むことができません）、限定された物へのこだわりと興味（法則性や規則性のあるものに興味を示し、格別な集中力や記憶力やこだわりをみせます）などの特徴があります。

言語障害や知的障害がないために、障害があるとは思われず、「変わった人」・「個性的な人」というイメージを持たれる場合が多いです。そのために、理解や支援を得にくいという面がありますが、周囲の理解と支援が必要な障害です。その特徴は、自閉症とよく似ています。女性よりも男性に多く、約4分の3が男性です。

（6） トゥレット症候群

1,000～2,000人に1人の割合で発症し、男子の方が女子よりも発症率が高いです。平均で6～8歳、遅くても14歳くらいまでに発症します。

主な症状にチックがあります。運動チック（まばたき・首を振る・腕振り・白目をむく・顔をしかめる）や音声チック（咳払い・鼻をならす・動物の鳴き声の様な声を出す・奇声を発する）などの単純チックの症状から始まり、さらに複雑運動チック（臭いをかぐ・ジャンプ・たたく・人や物に触るなど）や複雑音声チック（猥褻な言葉や汚い言葉や不謹慎な言葉などを発する）がみられます。これらの行動は無意識に繰り返してしまうもので、身体が勝手に動いてしまうのです。他の人が言った言葉を、繰り返し口に出したりもします。

トゥレット症候群は、脳内神経伝達物質ドーパミンの過剰活動が原因とされています。親の愛情不足や育て方は全く関係ありません。トゥレット症候群の症状は、改善したり悪くなったりを繰り返しながら、10代後半に改善するケースが多く見られます。だからといって、完全に治癒したわけではありません。

（竹内　公昭）

記　事

東日本大震災を教訓に、県立日高特別支援学校（日高市）が、障害のある子どもたちを災害から守る防災教育に取り組んでいる。児童・生徒が理解しやすい避難訓練や地域ぐるみの活動が評価され、内閣府などが主催する「防災教育チャレンジプラン」で2014、15年度の２年連続で防災教育優秀賞を受賞した。同校教諭で防災担当の斎藤朝《とも》子さん(42)は「命を守るには日ごろの積み重ねが大切。ほかの学校や福祉施設にもこうした動きが広がれば」と期待を込める。　（服部展和）

県立日高特別支援学校 ２年連続防災優秀賞

障害のある子 災害から守る

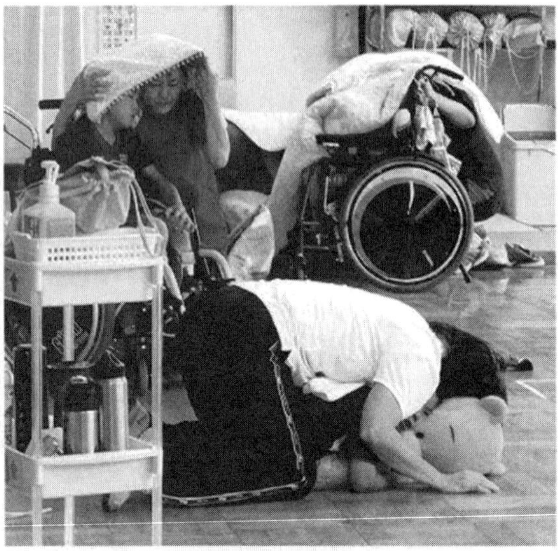

ショート訓練で、落下物から身を守る児童と教職員＝いずれも日高市で（県立日高特別支援学校提供）

同校では小学一年～高校三年の児童・生徒約百二十人が学び、うち約八割は車いすを利用。自力での移動や会話が困難な子もいる。斎藤さんは「震災後も、大規模地震の際にどう対処すべきか具体的なことが分からなかった」と打ち明ける。そこで同校は一三年、防災教育の強化を決定。防災教育チャレンジプランに応募し、一年を通して防災教育に取り組んだ。

背景には五年前の経験があった。斎藤さんは前任の県立川島ひばりが丘特別支援学校（川島町）で勤務中、激しい揺れに見舞われた。「驚いてしまって動けず、ほかの教諭に引っ張られて避難した。日ごろの備えの大切さを痛感した」という。

緊急時サポートブックを手に、防災教育について語る斎藤さん

日ごろの備え大切／地域と積み重ね

揺れを感じたら体を丸めて身を守り、災害用伝言ダイヤル（171）などを使って安否を確認することや、災害はどこでも起こりうること…。チャレンジプランを始めた一三年度は保護者と教職員が基礎知識を学んだ。翌一四年度からは児童・生徒も参加し、緊急地震速報の音を合図に身を守る短時間の「ショート訓練」を抜き打ちで重ねた。夏休みには地域の住民やボランティア、企業の社員らも加わって防災体験プログラムを開催。防災をテーマにしたスタンプラリーや福祉避難所などの体験をした。

避難訓練では児童・生徒が災害時の状況をイメージしやすくする工夫も。段ボール製のエアコンを天井からつり下げ、割れたガラスに見立てたペットボトルを床にまき、危険箇所をよけながら避難した。こうした体験をもとに児童・生徒は校内の危険箇所を記した地図を作製。保護者や教職員は、防災ずきんにもなるバッグや、外出時に周囲の人に示して支援を求める冊子「緊急時サポートブック」も作った。

二度目の受賞を機にチャレンジプランへの参加は一区切りにするが、斎藤さんは「防災意識が普段の生活にとけ込むよう取り組みを続けたい」と話している。

出典：2016年3月10日東京新聞朝刊

1. 言葉を調べましょう。

（1） 東日本大震災とは、どのような災害でしたか。

（2） 福祉避難所について調べましょう。

（3） 災害用伝言ダイヤルとは何でしょうか。

（4） 特別支援学校について調べましょう。

（5） 緊急災害速報とはどのような通報でしょうか。

（6） 会話が困難な子どもたちの状態を理解しましょう。

2. この記事を読んだ感想をまとめましょう。

3. 解　説

（1） 東日本大震災

2011（平成23）年3月11日午後2時46分、三陸沖で発生したマグニチュード9.0（最大震度7）の東北地方太平洋沖地震により引き起こされた大災害です。岩手県沖から茨城県沖にかけての長さ約500km、幅約200kmの広い範囲が震源域となって起きました。津波は北海道から沖縄県まで観測され、宮城・岩手・福島の3県では、浸水高が10mを超え、最大遡上高は観測史上最大の40.0mでした。

宮城県気仙沼市などでは、津波で倒されたタンクの重油に引火するなどして大規模な火災が発生しました。東北3県を中心に広い範囲で停電や断水になり、太平洋側の港湾や沿岸を走る鉄道、仙台空港など輸送交通網が切断されました。茨城県や千葉県でも津波による死者が出た他、各地で地盤沈下や液状化現象や地割れが見られました。首都圏では交通機関が停止し、帰宅困難者が多数発生しました。また、最大震度5弱以上の大きな余震が度々起きており、関東北部や長野県・新潟県などでも土砂崩れや家屋の倒壊、断水などの被害が出ました。

この地震と津波により福島第一原発が3月12日から15日にかけて水素爆発を起こし、放射性物質が大気中に放出されました。国際的な自己評価尺度で最悪のレベル7と評価され、これは1986（昭和61）年の旧ソ連のチェルノブイリ原発事故と同等レベルです。国の原子力災害対策本部は福島第一原発から半径20kmを警戒区域に設定するなどしたため、約11万人が避難を余儀なくされました。

2018（平成30）年9月10日時点で、震災による死者・行方不明は1万8,432人、建築物の全壊・半壊合わせて40万2,704戸が公式に確認されています。震災発生直後のピーク時の避難者は40万人以上、停電世帯は800万戸以上、断水世帯は180万戸以上に上っていました。復興庁によると、2018（平成30）年2月13日時点の避難者は約7万3,000人となっていて、避難が長期化していることが特徴的です。

日本国内で起きた自然災害で死者・行方不明者の合計が1万人を超えたのは戦後初めてで、明治以降でも関東大震災、明治三陸地震に次ぐ被害規模でした。

（2） 福祉避難所

東日本大震災では犠牲者の過半数を高齢者が占め、また、障害者の犠牲者の割合についても、被災住民全体のそれと比較して2倍程度にのぼったといわれています。高齢や障害をもった特別な配慮を求められる方々にとって一般の避難所は、十分な生活環境が整備されているとはいい難いといえます。

国は2013（平成25）年8月に策定された「避難所における良好な生活環境の確保に向けた取り組み指針」を受けて、東日本大震災の教訓を考慮し「福祉避難所設置・運営に関するガイドライン」［2008（平成20）年6月］を実質的に改定・修正する形で、2016（平成28）年4月に「福祉避難所の確保・運営ガイドライン」を作成しました。

具体的には高齢者・障害者・妊産婦・乳幼児・病弱者などおよびその家族については、福祉避難所の対象とされています。

なお、災害時における要配慮者を含む被災者の避難生活場所については、在宅での避難生活、一般の避難所での生活、福祉避難所での生活、緊急的に入所（緊急入所）等が考えられます。

福祉避難所については阪神・淡路大震災における取組みを総括した厚生労働省の「災害救助研

究会」が、1996（平成8）年に「大規模災害における応急救助のあり方」において「福祉避難所の指定」を初めて報告しました。それ以降、必要性は認識されているものの事前指定への取り組みは地域でバラツキがあり、2007（平成19）年の能登半島地震や新潟県中越沖地震において、福祉避難所が一定の機能を実現し、災害時、要配慮者支援に貢献した例もあったものの、全体としては十分な成果が得られないまま東日本大震災が発生しました。

（3） 災害用伝言ダイヤル

日本国内で震度6以上などの大規模災害が発生し、被災地に電話が集中してつながりにくくなった場合、「171」にかけるとつながります。この番号が災害用伝言ダイヤルです。被災地エリアで使用できるサービスで、状況に応じてNTTが使用エリアを決めます。被災地を中心に都道府県で行われ、被災地内の電話番号をメールボックスにして、安否などの情報を音声によって登録・確認できるサービスです。

一つの伝言あたり30秒の録音ができ、その音声は48時間保存されます。

伝言ダイヤルは一般電話・公衆電話・携帯電話やPHSからも利用できます。災害時にはテレビ・ラジオ・インターネットなどで告知されます。なおこの伝言ダイヤルの利用は、録音・再生時に通話料がかかります。また災害発生時には被災地の録音が優先されるので、被災地以外の所からの録音が制限されることがあります。

毎月1日と15日、防災週間（8月30日～9月5日）とボランティア週間（1月15日～1月21日）には体験利用ができます。

（4） 特別支援学校

「学校教育法」で規定された心身障害児を対象とする学校です。視覚障害者・知的障害者・肢体不自由者または病弱者（身体障害者を含む）に対し、幼稚園・小学校・中学校または高等学校に準ずる教育を施すとともに、障害による学習上または生活上の困難を克服し、自立を図るために必要な知識・技能を授ける事を目的としています。

特別支援学校には、幼稚部、小学部、中学部、高等部、高等部の専攻科があり、入学資格はそれぞれ幼稚園、小学校、中学校、高等学校、「高等学校の専攻科」に準じています。

学級には、単一の障害を有する幼児児童生徒で構成される「一般学級」と複数の障害を有する生徒で構成される重複障害学級があります。1学級の定員は15名で、複数の教員が担任することが多いです。また自宅からの登校が困難でなおかつ重度の障害児のために、教員が生徒の自宅へ出向く訪問学級をおいているところもあります。さらに短期間ながら医療的支援を必要とする場合に、その機能を持つ別の特別支援学校への一時的な転学も珍しくありません。

2006（平成18）年の「学校教育法」の改正［施行は2007（平成19）年］で、盲・ろう・養護学校（知的障害・肢体不自由・病弱）が「特別支援学校」の名称に一本化されました。

また、特別支援学校は在籍する生徒に教育を施すだけでなく、地域の幼稚園、小・中・高等学校に在籍する生徒の教育に関する助言・支援、いわゆる「センター的機能」も担うように定義されています。従来の障害に加えて、発達障害などの子どもたちにも、地域や学校で総合的で全体的な配慮と支援をしていくことになります。

（5） 緊急災害速報

緊急速報メールとは、気象庁が配信する「緊急地震速報」・「津波警報」・「特別警報」、国（国土交通省等）や地方公共団体が配信する「災害・避難情報」・「洪水情報」を対象地域にいる利用者に一斉に知らせるサービスです。原則、iPhone・スマートフォン・携帯電話に対応します。申し込みは不要で、料金も発生しません。日本国内だけで受信できます。

端末の電源を切っている時や緊急速報メールの機能をオフにしている時は受信できません。

（6） 会話が困難な子どもたち

言語障害のことで、「音声機能の障害」と「言語機能の障害」があります。

音声機能の障害には、「構音障害（発音が正しくできない症状）」・「吃音症（どもり）」・「音声機能の運動障害」などがあります。これらは、音声・発声・話し方の障害です。言語機能の障害の原因には、「失語症（脳の損傷により言語機能に影響が出る状態）」・「高次脳機能障害（脳の損傷により発生する様々な症状）」・「言語発達障害」・「知的障害」・「自閉症」などがあります。これらは言葉の表現や理解の障害です。

（竹内　公昭）

第13章　児童と非行

記　事

学ぼう「子供目線のスマホ」

教育、警察関係者が研究会

　無料通信アプリ「LINE（ライン）」や有害サイトをめぐる子供のトラブルが相次ぐ中、保護する側の教育、警察関係者がスマートフォン（スマホ、高機能携帯電話）の知識を深める研究会が、神戸市中央区の県警本部で開かれ、参加した約250人が子供目線のスマホの使い方やトラブルの事例を学んだ。

　県警が主催する「少年非行防止研究会」の一環で、少年に関する事件などを担当する警察官、教育関係者らが平成4年から毎年集まり、サイバー空間の広がりなどで日々変化する非行問題への対応を学んでいる。

　県によると、携帯電話から有害サイトへの接続を制限するフィルタリングの利用率は、県内の小中高生合わせて25年度が49・6％と前年度から10％以上減少。一方で、子供にスマホを持たせる親も増加傾向で、子供がトラブルに遭うケースは少なくないという。

　研究会では、県立大環境人間学部の竹内和雄准教授が講演し、ラインの普及状況や危険性を説明。同大の学生も「例えば待ち合わせの際の『何でくるの』の言葉は、とらえ方しだいでトラブルに発展してしまう」と、実際に子供が遭いそうなトラブルを紹介した。

　他にも子供目線でスマホを利用体験する研修や、保護者や学生、企業を交えて子供のスマホ利用のルール作りも討論した。

子供のスマートフォン利用の現状や危険性を説明する県立大の竹内和雄准教授　＝神戸市中央区

出典：2014年8月1日産経新聞朝刊

1．言葉を調べてみましょう。

（1）「非行少年」とは何か調べてみましょう。

（2）「有害情報」とは何か調べてみましょう。

（3）非行少年に関係する「福祉」の措置について調べてみましょう。

（4）「児童自立支援施設」とは何か、またどのような児童が生活しているのか調べてみましょう。

2. この記事を読んだ感想を書いてみましょう。

3. 解　説

（1） 非行少年

「非行少年」とは、「少年法」第3条第1項に規定されている少年、すなわち① 14歳以上20歳未満で罪を犯した少年（犯罪少年）、② 14歳未満で刑罰法令に触れる行為をした少年（触法少年）、③ 20歳未満で一定の事由（①保護者の正当な監督に服しない性癖のあること、②正当な理由がなく家庭に寄りつかないこと、③犯罪性のある人もしくは不道徳な人と交際し、またはいかがわしい場所に出入りすること、④自己または他人の徳性を害する行為をする性癖のあること、のいずれかに該当する場合）があって、その性格または環境に照らして、将来、罪を犯し、または刑罰法令に触れる行為をするおそれのある少年（ぐ犯少年）をいいますが、広い意味では、盛り場をはいかいする等警察の補導対象となる行為を行ういわゆる不良行為少年を含めて「非行少年」ということもあります。これらの非行少年の健全な育成を目指して、警察、検察庁、家庭裁判所、少年鑑別所、少年院、少年刑務所、地方更生保護委員会、保護観察所等の多くの機関が、それぞれの段階に応じた処理、処遇を行っています。

（2） 有害情報

有害情報については、いわゆる有害環境問題やメディアの問題等を見ていく必要があります。近年の重大な少年犯罪の原因・背景等と有害環境との関係を指摘する声もあり、特に、脳科学等との関係においてどのような関連があるのか、まだまだ研究段階ですが、起こっている事象の原因や背景をおさえておく必要があります。

さらに、非行の原因・背景を考える上では、いわゆる脳などの精神構造に与える影響と、もう一つは、出会い系サイトなどのネットにおける有害情報がいろいろな犯罪の誘因や非行の温床になっているということも指摘されています。今問題になっている新しい事案として、出会い系サイトが発端となっている相談が少なからずあり、報道されているのは氷山の一角だろうと思われます。したがって、脳に対する影響という面からアプローチすることのほかに、本来であればブレーキがかかっていたところ、そうした情報によって非行への飛び込み方が簡単になってしまうことが問題であると思われ、いわゆる犯罪や非行の背景という意味で歯止めをかけるためのアプローチを行っていくことが必要です。

（3） 非行少年に関する福祉の措置

都道府県知事または指定都市の市長は、警察、学校および一般の人々から通報のあった非行児童に対して、「児童福祉法」第27条第1項の規定に基づき、次のような措置を採ることとなっています。

ア）児童またはその保護者に訓戒を加え、または誓約書を提出させること。

イ）児童またはその保護者に対して児童福祉司等による指導を行うこと。

ウ）児童を児童自立支援施設等の児童福祉施設に入所させること。

エ）家庭裁判所の審判に付することが適当であると認められる児童は、これを家庭裁判所に送致すること。

これらの措置を採るに当たっては、児童相談所において医学的診断、心理学的診断、家庭等の環境調整等が行われ、児童福祉の見地から総合的な判定がなされています。

（4） 児童自立支援施設の現状

児童自立支援施設は不良行為をなし、またはなすおそれのある児童および環境上の理由により、生活指導等を要する児童を入所させ、健全に育成する施設であり、都道府県に設置することが義務付けられています。

児童自立支援施設においては、児童が健全な社会人として成長していくよう個々の態様に応じた総合的な指導を行っています。また、施設の構造は小舎制を原則としており、職員が起居を共にしながら、自由で開放的な雰囲気の中で、その自立を支援しています。

（藤田　了）

記　事

高2自殺　いじめ認定

神戸地裁　県・同級生に慰謝料命令

兵庫県川西市で2012年9月、県立高校2年の男子生徒（当時17）が自殺したのはいじめが原因と訴え、両親が当時の同級生3人と県側に計約8860万円の損害賠償を求めた訴訟の判決が30日、神戸地裁であった。伊良原《いらはら》恵吾裁判長はいじめを認定したうえで自殺は予測できなかったと判断。「人格を深く傷つけ、大きな精神的苦痛を生じさせた」として慰謝料計210万円のみ命じた。

判決によると、生徒は新学期の12年4月以降、同級生3人に「ムシ」と呼ばれ、蛾《が》の死骸を教室の椅子の上に置かれるといったいじめを受けた。2学期の始業式前日の9月2日、自宅で首をつって亡くなった。

判決は「自殺がいじめに起因するとみることに合理的な疑いを挟む余地はない」と判断。担任教諭らもクラス内のトラブルからいじめに気づけたのに漫然と放置したとして、安全配慮義務違反を認めた。一方で「苛烈《かれつ》な暴行など重大な苦痛を与え続けたものではない」と指摘。同級生や担任教諭らが自殺を予測することまではできなかったと述べ、法的な責任の範囲は生徒が受けた精神的苦痛にとどまると判断した。

この問題では、学校の第三者委員会が「いじめと自殺を直接結びつけるのは困難」とする一方、川西市の第三者機関は「自殺の原因となった可能性は極めて高い」と異なる見解を示した。元同級生3人は13年12月、生徒への侮辱の非行内容で保護観察処分とされ、神戸家裁決定も「自殺を決意した理由は明らかでない」としていた。（佐藤啓介）

記者会見で涙をぬぐう母親
＝30日午後、神戸市中央区

両親「一緒に生きているつもり」

判決後、記者会見した男子生徒の母親(57)は「少しは息子の思いが伝わったかな」と語った。自殺は予測できなかったとされた点については「息子の心がどれだけ傷ついたか、裁判長はもっと考えてほしかった」と声を震わせた。

一人息子が命を絶って3年半。自宅の部屋は教科書も勉強机も当時のまま。仏壇そばには生徒が父親(64)と集めたミニチュアカー数十台を飾り、親子3人の写真も家のあちこちにある。母親は「家族思いで優しい子でした。今も一緒に生きているつもりです」。

なぜ息子が死ななければならなかったのか。学校からも同級生からも納得のいく説明は得られなかった。「もう二度と、こんなことは起きないで」と起こした裁判。父親は会見で「判決がいじめによる自死を防ぐための警鐘になればと思っていたが……」と話した。控訴を検討するという。

（佐藤啓介、吉川真布）

出典：2016年3月31日朝日新聞

1．言葉を調べてみましょう。

（1）「保護観察」とは何か調べてみましょう。

（2）「保護観察所」とは何か調べてみましょう。

（3）「保護司」はどのような人で、どのような役割を担っているか調べてみましょう。

2. 警察における非行少年の処遇について調べてみましょう。

3. この記事を読んだ感想を書いてみましょう。

4. 解　説

（1） 保護観察

「保護観察」は、非行や罪を犯した少年等に、社会生活を営ませながら、本人の更生を図る上で必要な生活および行動に関する一定の事項を守って健全な生活をするよう指導監督するとともに、本人の自助の責任があることを認めて就学・就職その他について補導援護することにより、その更生を促すものであり、保護観察官と民間篤志家である保護司とが協働してその実施に当たっています。

少年の保護観察に関する最近の動向としては、窃盗、強盗、傷害のほか暴走族に加入している少年、シンナーを乱用する少年および覚せい剤を乱用する少年が依然として多くを占めています。保護観察所においては、このような実情を踏まえ、少年の持つ様々な問題性をその非行態様等の観点から類型別に把握し、各類型に応じた集団処遇あるいはカリキュラム処遇、社会参加活動の実践に努めているほか、処遇困難な少年に対しては、保護観察官の直接的関与の積極化、家庭への働きかけの強化、学校や職場との連携の強化を図るなど保護観察の実効を期するための施策を推進しています。

（2） 保護観察所

「保護観察所」は、「法務省設置法」および「更生保護法」に基づいて設置される法務省の地方支分部局であり、家庭裁判所の決定により保護観察に付された少年、地方更生保護委員会の決定により仮釈放を許された少年、裁判所の決定により刑の執行を猶予され保護観察に付された少年等に対する保護観察の実施、矯正施設に収容中の少年等の帰住予定地・引受人に関する環境調整、少年刑務所満期釈放者等に対する更生緊急保護等、非行や犯罪をした者の改善更生を図るための各種の指導や援助を行うほか、この施策に携わる民間篤志団体の育成や非行・犯罪防止のための地域住民活動の助長等を行っています。

（3） 保護司

「保護司法」に定めるところにより、法務大臣から委嘱された非常勤・無給の国家公務員ですが、実質的には地域社会から選ばれた社会的信望の厚い民間篤志家で、処遇の専門家である保護観察官と協働して、保護観察、環境調整、地域社会における非行防止活動に当たっています。法務大臣の定めた保護区ごとに配属され、地域実情に通じた利点を生かして活躍しています。

（4） 特別遵《じゅん》守《しゅ》事項

保護観察中に保護観察対象者には必ず守らなければならないルール「遵守事項」が課せられます。保護観察官や保護司が対象者を指導監督するときには、まずこの遵守事項に違反していないかといった点を確認します。

遵守事項には一般遵守事項と特別遵守事項の２種類があります。一般遵守事項は、対象者全員に付けられるルールであり、再び犯罪をすることがないよう、健全な生活態度を保持すること、保護観察官や保護司の面接を受けることなどです。特別遵守事項は、事件の内容や事件に至った経緯等を踏まえ、個人の問題性に合わせて付けられるルールです。例えば、被害者等に一切接触しない、性犯罪者処遇プログラムを受けるなどがあります。

（5） 警察における非行少年の処遇

1） 犯罪少年

犯罪少年については、「刑事訴訟法」「少年法」等に規定する手続きに従って、必要な捜査および調査を遂げた後、罰金刑以下の刑に当たる事件は家庭裁判所に、禁錮刑以上の刑に当たる事件は検察官に送致または送付します。

2） 触法少年

触法少年については、その者に保護者がいないか、または保護者に監護させることが不適当と認められる場合には、児童相談所に通告し、その他の場合には、保護者に対して適切な助言を行うなどの措置を講じています。

3） ぐ犯少年

ぐ犯少年については、その者が18歳以上20歳未満の場合は家庭裁判所に送致し、14歳以上18歳未満の場合は事案の内容、家庭環境等から判断して家庭裁判所または児童相談所のいずれかに送致または通告し、14歳未満の場合には児童相談所に通告します。

（6） 非行防止に関する運動や団体

少年非行の防止に関連して「社会を明るくする運動」と更生保護女性会があります。法務省は「社会を明るくする運動」はすべての国民が、犯罪や非行の防止と罪を犯した人たちの更生について理解を深め、それぞれの立場において力を合わせ、犯罪のない地域社会を築こうとする全国的な運動であるとしています[1)]。同様に、更生保護女性会は、地域社会の犯罪・非行の未然防止のための啓発活動を行うとともに、青少年の健全な育成を助け、犯罪をした人や非行のある少年の改善更生に協力することを目的とするボランティア団体と位置づけています[2)]。

注

1）　法務省 www.moj.go.jp/hogo1/kouseihogoshinkou/hogo_hogo06.html

2）　法務省 www.moj.go.jp/HOGO/hogo04.html

（藤田　　了）

第14章　児童を取り巻く専門職

記事

放課後児童支援員 認定研修スタート

学童保育の質向上へ

本年度スタートした子ども・子育て支援新制度で、放課後児童クラブ（学童保育）で指導に当たる新たな専門資格「放課後児童支援員」が導入された。各施設に原則２人以上を配置し、学童保育の質を高めるのが狙い。佐賀県でも9月から認定研修が始まり、本年度は約２００人が子どもの発達や障害に関する理解、保護者との連携などを体系的に学ぶ。

県内5カ所 200人受講

支援員に求められる役割について学んだ認定研修＝佐賀市富士町のフォレスタふじ

これまで学童保育には放課後児童指導員を配置してきた。指導員の専門資格はなく、県は２０１１年に定めたガイドラインで、「保育士や幼稚園免許、小中高の教員免許などの資格があることが望ましい」と提示していた。14年5月1日現在で県内は９０１人が働き、そのうち有資格者は約7割の６３２人だった。県は19年度末までに、現在学童保育で働く全ての人に専門資格を取得してもらう目標を掲げる。

放課後児童支援員には、都道府県の研修を受けた保育士や小学校教諭らを認定する。研修は佐賀市、鳥栖市など県内５カ所で開く。16科目24時間を受講し、取得した資格は全国で通用する。ただ、これまで学童保育で働いてきた人も認定研修を受ける必要があるため、みなし規定として19年度末までは修了予定者も支援員として扱う。

今月上旬、佐賀市富士町で開かれた研修会には57人が参加した。大妻女子大学の真田祐非常勤講師が「学童保育は学校や家庭よりも長く子どもと接することもある。学童保育の質向上に目が向き、重要性が認識されてきた」と解説、指導員の役割や責任の大きさを強調した。牛津小の放課後児童クラブで働く中尾重子さんは「研修でいろいろなことを学び直し、今まで以上に充実したクラブづくりに取り組みたい」と話す。

現状では質向上を模索する指導員と、「資格取得が必要と言われたから」と参加した指導員が混在している。県こども未来課は「仕方なく参加したという人がいることは事実だが、指導員としての自覚が芽生えるよう、工夫していきたい」とする。（川崎久美子）

出典：2015年9月26日佐賀新聞

1．言葉を調べてみましょう。

（1）「放課後児童支援員」が創設された経緯を調べてみましょう。

（2）「放課後児童支援員」の役割について調べてみましょう。

（3）「放課後児童支援員」の資格要件と取得方法について調べてみましょう。

（4）「保育士」について調べてみましょう。

（5）「子育て支援員」について調べてみましょう。

2．幼児や児童に関わる資格について考えたことを書きましょう。

3. 解　説

（1） 放課後児童支援員が創設された経緯

「放課後児童支援員」という資格は、2015（平成27）年4月より施行された「子ども・子育て支援新制度」によって創設された新資格です。同制度で、放課後児童クラブの配置職員や対象児童の基準が改められました。職員は、2人以上の放課後児童支援員（1人は放課後児童支援員の有資格者で、もう1人は無資格の補助員でも可）を配置することが必要になりました。また、対象児童は、「小学3年生まで」が「小学6年生まで」に引き上げられました。そこで、多様な子どもの状況や発達段階を充分に踏まえるため、子どもを支援する職員の保育・教育力の向上がさらに求められています。以上の経緯で放課後児童支援員という専門資格が創設されました。内閣府は、「すべての家庭が安心して子育てができ、子どもたちが健やかに成長していくために、幼児期の学校教育や保育、地域の子育て支援の量の拡充と質の向上を進めていく」ことを打ち出しています。こういった背景からも、放課後児童支援員や子育て支援員、利用者支援専門員等、幼児・児童に関わる新たな資格や職種が創設されたといえます。

（2） 放課後児童支援員の役割

「放課後児童クラブ運営指針」によると放課後児童支援員は、「豊かな人間性と倫理観を備え、常に自己研鑽に励みながら必要な知識及び技能をもって育成支援に当たる役割を担うとともに、関係機関と連携して子どもにとって適切な養育環境が得られるよう支援する」という役割が求められています。放課後児童クラブの育成支援は、次のとおりです。

① 子どもが自ら進んで放課後児童クラブに通い続けられるように援助する。
② 子どもの出欠席と心身の状態を把握して、適切に援助する。
③ 子ども自身が見通しを持って主体的に過ごせるようにする。
④ 放課後児童クラブでの生活を通して、日常生活に必要となる基本的な生活習慣を習得できるようにする。
⑤ 子どもが発達段階に応じた主体的な遊びや生活ができるようにする。
⑥ 子どもが自分の気持ちや意見を表現することができるように援助し、放課後児童クラブの生活に主体的に関わることができるようにする。
⑦ 子どもにとって放課後の時間帯に栄養面や活力面から必要とされるおやつを適切に提供する。
⑧ 子どもが安全に安心して過ごすことができるように環境を整備するとともに、緊急時に適切な対応ができるようにする。
⑨ 放課後児童クラブでの子どもの様子を日常的に保護者に伝え、家庭と連携して育成支援を行う。

（「放課後児童クラブ運営指針」2015（平成27）年4月1日）

上記のような役割に加え、放課後児童支援員は障害のある子どもへの対応、児童虐待への対応、保護者への対応等についても理解を深め、すべての子どもたちの健全な育成および、安心して子育てができる環境を作っていく役割を担っています。

（3） 放課後児童支援員の資格要件と取得方法

放課後児童支援員資格は、都道府県が実施する「放課後児童支援員認定資格研修」を修了することで資格を取得できます。研修時間は「16科目24時間程度の研修」となっています。保育士、社会福祉士、教諭資格を有する者は科目の一部免除があります。経過措置として、2020（平成32）年3月31日までは、研修の受講修了予定者も「放課後児童支援員」とみなされます。

［放課後児童支援員認定資格研修の受講者の要件］

1　保育士の資格を有する者
2　社会福祉士の資格を有する者
3　「学校教育法」の規定による高等学校卒業以上（文部科学大臣がこれと同等以上の資格を有すると認定した者）であって、2年以上児童福祉事業に従事したもの
4　「学校教育法」の規定により、幼稚園、小学校、中学校、高等学校または中等教育学校の教諭となる資格を有する者
5　「学校教育法」の規定による大学もしくは大学院において、社会福祉学、心理学、教育学、社会学、芸術学もしくは体育学を専修する学科・研究科またはこれらに相当する課程を修めて卒業した者（外国の大学でも可）
6　大学にて上記の学科で単位を取得したことにより、大学院への入学が認められた者
7　高等学校卒業者等であり、かつ、2年以上放課後児童健全育成事業に類似する事業に従事した者であって、市町村長が適当と認めたもの

［「放課後児童健全育成事業の設備及び運営に関する基準」第10条第3項を一部改変］

（4） 保育士

保育士とは、「児童福祉法」に基づき、「登録を受け、保育士の名称を用いて専門的知識及び技術をもって、児童の保育及び児童の保護者に対する保育に関する指導を行うことを業とする者」を言います（「児童福祉法」第18条の4）。保育士資格は、2003（平成15）年11月より名称独占資格として規定され、国家資格となりました。現在は、子どもを取り巻く環境が大きく変化し、子育てに関するニーズも多様化していることをうけ、さらに専門性が求められています。資格取得の方法は大きく分けると、①厚生労働大臣の指定する保育士養成校その他の施設で所定の課程・科目を履修し卒業する、②保育士試験に合格するという2つの方法があります。

厚生労働省「保育士等に関する関係資料」（2015（平成27）年10月）によると保育士登録者数は約119万人、そのうち勤務者数は約43万人です。潜在的保育士が約76万人にのぼり6割以上の有資格者が社会福祉施設等で働いていないことになります。こういった慢性的な保育士不足も影響し、待機児童の解消も遅れていると言えるでしょう。これらの背景から、教育や保育、子育て支援の質の向上や待機児童の軽減等の対策として、子育て経験者などに保育に携わってもらえるように、保育士の補助的な資格の子育て支援員や、保育ママ（仕事などで保育ができない保護者に代わり、3歳未満の子どもを自宅などで預かる保育者あるいは保育施設の総称）も誕生しました。そして、保育士と連携しながら地域の子育てをサポートすることでニーズに対応しています。

（5） 子育て支援員

「子ども・子育て支援新制度」により、小規模保育、家庭的保育等の地域型保育や、放課後児童クラブやファミリーサポートセンター等地域の子育て支援事業が進められています。そこで、

地域の実情やニーズに応じた子育て支援の担い手が求められ、「子育て支援員」が生まれました。子育て支援員は、保育や子育て支援等の仕事に関心を持ち、保育や子育て支援事業に従事することを希望する者等が、国が定めた、「基本研修」および「専門研修」を修了することで資格を得ることができます。専門研修は、「放課後児童コース」「社会的養護コース」「地域保育コース」「地域子育て支援コース」と4つのコースがあり、各支援分野に応じた知識と技能を習得します。研修は、都道府県・市町村で開講され、研修時間は、各自治体またはコースによって異なりますが、概ね24時間前後程度となっています。職域は保育所、児童養護施設、地域型保育、放課後児童クラブ等があります。職務内容は保育士や放課後児童支援員の補助的な仕事を担い、スキルアップし、保育士資格にチャレンジするなどキャリアアップにも繋がります。

（6） 利用者支援専門員（保育コンシェルジュ）

現在、保育所等に入園できない待機児童問題や多様化する保育ニーズへの対応策が課題となっています。そこで新たに、保育希望者と保育施設とを適切に結びつける利用者支援専門員が創設されています。利用者支援専門員は待機児童が50人以上いる自治体に設置促進しています。保育を希望する保護者の相談を受け、希望や収入等に合った保育サービスや子育て支援の情報提供を行う専門の相談員をいいます。入所前の相談だけでなく、希望した保育施設に入所できなかった場合のアフターフォローなども行っています。

注

すくすくジャパン子ども・子育て支援新制度について平成30年5月　内閣府子ども・子育て本部
http://www8.cao.go.jp/shoushi/shinseido/outline/pdf/setsumei.pdf（閲覧日 2018.9.23）
放課後児童クラブ運営指針　厚生労働省
https://www.mhlw.go.jp/file/04-Houdouhappyou-11906000-Koyoukintoujidoukateikyoku-Ikuseikankyouka/0000080763.pdf（閲覧日 2018.9.23）

（名定　慎也）

記 事

子の貧困対策で活動 スクールソーシャルワーカー

勤務制限、支援阻む

県内50人 報酬低く人材不足も

子どものいま これから

スクールソーシャルワーカーの役割

学校を拠点に行政機関や地域、医療機関と連携し、子どもの貧困問題や不登校などの解決に取り組むスクールソーシャルワーカー（SSW）は、政府が昨年8月に閣議決定した「子どもの貧困対策に関する大綱」で教育支援の柱の一つに位置付けられる。県内には約50人が配置され、学校長の依頼を受けて問題解決に尽力している。一方、勤務日数や勤務時間に上限が設けられているほか、報酬の低さによる人材不足の問題点も指摘されている。

心のケアが中心のスクールカウンセラーと違い、SSWは学校を拠点にしながらも、外部の行政機関とも連携を取り問題の解決に当たる。学校では生徒指導委員会に出席したり、担任教員から聞き取りをしたりして子どもの状況を把握し、支援策を考える。場合によっては家庭訪問で親が抱える問題にも寄り添い、学校と関係機関を行き来し行政的な支援につなげている。

県内で活動するSSWの女性は、ひとり親家庭の子どもを担当し、支援につなげた。親は保育園に預けられない下の子の面倒を見るため仕事ができなかった。夏場に電気が止められ、子どもはあせもで皮膚がただれるほどで、給食が唯一の食事とみられていた。そのため、給食がなくなる夏休み前に急いで支援策を練った。

親には当初、生活保護を勧めたが、就職に必要な車を手放すことに同意せず、頓挫。今度は児童相談所の一時保護所に子どもを預け、仕事を探すことを提案し、受け入れられたという。その間、フードバンクにつなぐなど、当面の食料確保も支援した。

文字が十分に書けず児童扶養手当の更新ができていなかった家庭では、親に付き添って役所に行き、申請手続きを手伝った。

一方、県教育庁が採用するSSWの場合、月の勤務日数は16日、1日の勤務時間は6時間までと定められている。女性は「支援には子どもの信頼を得ることが大事だが、出られる日が限られているので、次に会う約束ができない」と、制限があるために活動に支障が出ている悩みを明かした。

現在の対象が小中学校に限られていることについては「高校は特別支援学級がないなど対策が手薄だ。幼稚園や保育園でも必要性がある」とし拡充も求めた。

SSWの報酬は現在、日給9300円。スクールソーシャルワーカー研究会おきなわなどは、働く環境が十分でないとして、社会福祉士や精神保健福祉士など有資格者の報酬引き上げや、勤務日数の上限引き上げなどを求め、県教育委員会に要望書を出している。

（稲福政俊）

出典：2016年2月5日琉球新報

1．言葉を調べてみましょう。

（1）「スクールソーシャルワーカー」について調べてみましょう。

（2）「スクールソーシャルワーカー」の現状について調べてみましょう。

（3）「スクールカウンセラー」について調べてみましょう。

（4）「社会福祉士」について調べてみましょう。

（5）「精神保健福祉士」について調べてみましょう。

2. この記事を読んだ感想をまとめてみましょう。

3. 解説

（1） スクールソーシャルワーカー（school social worker：SSW）とは

小学校・中学校・高等学校等学校現場では、さまざまな問題が起こっています。例えば、いじめ、不登校、貧困、虐待、自殺、暴力行為、発達障害等心身の健康や保健に関する問題に直面している児童生徒がいます。児童生徒が抱える問題だけでなく、それを支える側の教職員、家族も同じように問題を抱えています。そのように学校をベースとした問題に対して支援し解決を図る専門職がスクールソーシャルワーカー（以下SSW）です。

SSWは「スクールソーシャルワーカー活用事業実施要領」において、原則として、社会福祉士や精神保健福祉士等の有資格者か、福祉や教育の分野での活動経験の実績がある者としています。

SSWには「配置型」と「派遣型」があります。配置型は特定の小学校や中学校等に配属され、学校の職員として児童生徒の支援をします。派遣型は教育委員会や教育相談センターなどに配属され、要請があった学校に派遣されて児童生徒の支援をします。

SSWは「個人に問題がある」と見るのではなく、その人を取り巻く「環境の中に問題がある」と捉えます。そして、社会福祉の専門的知識や技術を活用し、家庭、学校、地域など問題を抱えた児童生徒を取り巻く環境に働きかけます。児童相談所や自治体、福祉施設等の関係機関とも連携を図り、問題解決に努め、学校および社会の中で、自分らしく生活が送れるように支援します。

（2） スクールソーシャルワーカーの現状

日本では、SSWの歴史はまだまだ浅く、2008（平成20）年に文部科学省が「スクールソーシャルワーカー活用事業」として開始したのが始まりです。文部科学省「学校における教育相談に関する資料」（2015（平成27）年12月17日）によると、2014（平成26）年度は1,186人配置し、2015（平成27）年度は2,247人（予算上）を配置することになっていました。SSWとして配置された者の保有資格は、2014（平成26）年度は社会福祉士47.0%、教員免許保有者36.1%、精神保健福祉士25.1%になっています。SSWの2014（平成26）年度の支援状況の上位3つは、①家庭環境の問題（1万3,565件）、②不登校への対応（1万2,183件）、③発達障害等に関する問題（7,828件）となっています。なお、SSWを2016（平成28）年度から1.7倍増の5,047人（平成29年度予算）とし、配置を拡充し、教育相談体制の整備に力を入れています。

SSWは現代社会においてまだ認知度も低いですが、ニーズは高くなっています。政府も「子どもの貧困対策に関する大綱」で教育の支援の一つとして位置付け、「第3次犯罪被害者等基本計画」ではスクールカウンセラーやSSW等の適正な配置や犯罪等の被害に関する研修等を通じた資質の向上を通し、2019（平成31）年度までにスクールカウンセラー・SSWともに全公立中学校区に配置し、学校における教育相談体制を充実させる方向を示しています。

（3） スクールカウンセラーとは

スクールカウンセラーはSSWと同じように、専門資格ではなく、職種（職業）名です。

スクールカウンセラーは、学校でいじめや不登校、自殺等、児童生徒の心のあり方から起こる問題が深刻化してきたことで、1995（平成7）年文部科学省が「スクールカウンセラー活用調査研究委託事業」として取り組みを始めました。そして、小・中・高等学校の心のケアの専門家としてスクールカウンセラーを配置しました。2001（平成13）年には「スクールカウンセラー等活用事業補助」と事業名を変え、現在は全公立学校への配置等を促進しています。「スクールカウンセラー等活用事業実施要領」によるとスクールカウンセラーの資格要件は、臨床心理士、精神科医、大学教員となっています。

スクールカウンセラーの職務内容は、①児童生徒・学生に対する相談・助言、②保護者および教職員に対する相談、③校内会議への参加や教職員や児童生徒・学生への研修、④事件・事故等の緊急対応における被害児童生徒の心のケア、⑤ストレスチェックやストレスマネジメント等への予防的ケアと多岐にわたっています。最も多いのは、児童生徒の不登校に関する相談です。その他、近年では学校現場でのストレスを抱える教職員へのメンタルヘルスへのニーズが高まっています。

SSWは、人と環境の関係に焦点を当て、ソーシャルワーク技術を活用しつつ人と環境の問題を解決できるよう支援するのに対し、スクールカウンセラーは人の心理に焦点をあてカウンセリング技法を活用して人の心の問題を解決できる支援をするといえます。

（4） 社会福祉士（Certified Social Worker：CSW）とは

「社会福祉士及び介護福祉士法」に基づき、「登録を受け、社会福祉士の名称を用いて専門的知識及び技術をもって、身体上若しくは精神上に障害があること又は環境上の理由により日常生活を営むのに支障がある者の福祉に関する相談に応じ、助言、指導、福祉サービスを提供する者又は医師その他の保健医療サービスを提供する者その他の関係者（略）との連絡及び調整その他の援助を行うこと（略）を業とする者」をいいます（「社会福祉士及び介護福祉士法」第2条第2項。1987（昭和62）年に制定、2007（平成19）年一部改正）。

社会福祉士の職域は、特別養護老人ホームや老人保健施設の相談員、医療施設の医療ソーシャルワーカー（MSW）、児童指導員、地域包括支援センターのソーシャルワーカー、公的相談機関（福祉事務所・保健センター）の相談員、SSW等があります。

社会福祉士の資格取得のために、国家試験に合格することが必要です。国家試験受験資格要件は大学等で社会福祉に関する指定科目を修め卒業するか、社会福祉の指定施設で実務経験を積み通信教育等で知識技術を習得すること等が必要です。

2018（平成30）年2月末現在の社会福祉士登録者数は21万3,358人 です。

（5） 精神保健福祉士（Psychiatric Social Worker：PSW）とは

「精神保健福祉士法」に基づき、「登録を受け、精神保健福祉士の名称を用いて、精神障害者の保健及び福祉に関する専門的知識及び技術をもって、精神科病院その他の医療施設において、精神障害の医療を受け、又は精神障害者の社会復帰の促進を図ることを目的とする施設を利用している者の地域相談支援（略）の利用に関する相談その他の社会復帰に関する相談に応じ、助言、指導、日常生活への適応のために必要な訓練その他の援助を行うこと（略）を業とする者」をいいます（「精神保健福祉士法」第2条）。

精神保健福祉士は、精神科ソーシャルワーカーという名称で、1950年代精神科医療機関を中心に導入され、1997（平成9）年法制化された専門職です。職務内容は、精神障害者の抱える生活上の問題や社会関係上の問題の解決に向けての援助、社会参加を通してその人らしい生活の実現に向け支援します。特に最近では、社会復帰・権利擁護等の問題に対しての相談援助が求められ、関係機関相互の連携を図り、精神障害者が社会の中で自立した生活が送ることができるように支援しています。

精神保健福祉士の職域は、医療機関、福祉行政機関、障害福祉等サービス事業所、司法施設、その他ハローワークや社会福祉協議会、SSW等があります。

精神保健福祉士の資格取得のために、国家試験に合格することが必要です。国家試験受験資格要件は、大学等で資格取得に必要な精神障害者の保健および福祉に関する指定科目を修め卒業するか、指定施設で実務経験を積み通信教育等で知識技術を習得すること等が必要です。

2018（平成30）年2月末現在の精神保健福祉士登録者数は7万8,197人です。

注

「スクールソーシャルワーカーって？」子ども情報ステーション　NPO法人ぷるすあるは
http://kidsinfost.net/2016/04/25/ssw/（最終閲覧日：平成30年8月23日）
「学校における教育相談に関する資料」文部科学省　平成27年12月17日
http://www.mext.go.jp/b_menu/shingi/chousa/shotou/120/gijiroku/1366025.htm
（最終閲覧日：平成30年8月23日）

（名定　慎也）

執筆者紹介

（執筆順）

佐々木善久　（ささき　よしひさ）　第1章
現　　職：山陽新聞社 取締役社長室長

松畑　熙一　（まつはた　きいち）　第2章
元中国学園大学・中国短期大学 学長

今井　慶宗　（いまい　よしむね）　第3章
現　　職：関西女子短期大学 保育学科 専任講師

小倉　　毅　（おぐら　たけし）　第4章
現　　職：兵庫大学生涯福祉学部 准教授

村田　恵子　（むらた　けいこ）　第5章
現　　職：就実大学教育学部 准教授

和田　光徳　（わだ　みつのり）　第6章
現　　職：兵庫大学生涯福祉学部 教授

吉川　知巳　（よしかわ　ともみ）　第7章
現　　職：精華女子短期大学 専任講師

中　　典子　（なか　のりこ）　第8章
現　　職：中国学園大学 子ども学部 准教授

松井　圭三　（まつい　けいぞう）　第9章
現　　職：中国短期大学保育学科・専攻科介護福祉専攻 教授

角田みどり　（すみだ　みどり）　第10章
元中国短期大学 保育学科 教授

西木貴美子　（にしき　きみこ）　第11章
現　　職：東大阪大学短期大学部実践保育学科 准教授

小宅　理沙　（こやけ　りさ）　第11章
現　　職：同志社女子大学現代社会学部現代こども学科 助教

竹内　公昭　（たけうち　きみあき）　第12章
現　　職：NPO法人「びぃあらいぶ」理事長

藤田　　了　（ふじた　りょう）　第13章
現　　職：大阪国際大学 人間科学部 講師

名定　慎也　（なさだ　しんや）　第14章
現　　職：中国短期大学保育学科・専攻科介護福祉専攻 専任講師

■監修紹介

松畑　熙一　（まつはた　きいち）

最終学歴　広島大学大学院修士課程英語教育学専攻

元中国学園大学・中国短期大学学長

学位　教育学修士

研究分野　英語教育学・国際理解教育学

主著

『生徒と共に歩む英語教育』大修館書店、1982

『英語教育人間学の展開』開隆堂、2002

『「吉備学」への助走』吉備人出版、2007

■編著者紹介

松井　圭三　（まつい　けいぞう）

現職　中国短期大学保育学科・専攻科介護福祉専攻 教授

岡山大学医学部非常勤講師

就実大学教育学部非常勤講師

主著

『21 世紀の社会福祉政策論文集』ふくろう出版、2009

『第 3 版児童家庭福祉』大学教育出版、2014

『現代社会福祉概説』ふくろう出版、2015

『家庭支援論』学文社、2017 その他著書多数

今井　慶宗　（いまい　よしむね）

現職　関西女子短期大学 保育学科専任 講師

主著

『現代の障がい児保育』（共著）学文社、2016

『保育実践と家庭支援論』（共著）勁草書房、2016

『保育実践と社会的養護』（共著）勁草書房、2016

NIE 児童家庭福祉演習

2017 年 4 月 10 日　初版第 1 刷発行
2018 年 11 月 30 日　初版第 2 刷発行

■編 著 者――松井圭三・今井慶宗
■発 行 者――佐藤　守
■発 行 所――株式会社 大学教育出版
〒 700-0953　岡山市南区西市 855-4
電話（086）244-1268　FAX（086）246-0294
■印刷製本――モリモト印刷 ㈱

ISBN978 - 4 - 86429 - 438 - 6